GERENTE EDITORIAL
Roger Conovalov

PROJETO GRÁFICO
Lura Editorial

REVISÃO
Sandra Gasques

CAPA
Lura Editorial

Copyright © Edmilson Prata da Silva – 2017

Lura Editoração Eletrônica LTDA
Rua Rafael Sampaio Vidal, 291
São Caetano do Sul, SP – CEP 05550 -170
Tel: (11) 4221-8215
Site: www. luraeditorial. com. br
E-mail: contato@luraeditorial. com. br

Catalogação na Fonte do Departamento Nacional do Livro
(Fundação Biblioteca Nacional, Brasil)

Silva, Edmilson Prata da
Dilemas sociais de estimação: hora de repensar e mudar /
Edmilson Prata da Silva – 1. ed. Lura Editorial – São Paulo. 2017
152p.

ISBN: 978-85-5849-047-4

1. Dilemas Sociais 2. Estudos Sociais - Brasil I. Título.

Índice para catálogo sistemático:
1.Ciências Sociais. 300

EDMILSON PRATA DA SILVA

DILEMAS SOCIAIS DE ESTIMAÇÃO

Hora de repensar e mudar

Dedicatória

Em memória de meu avô, Denezil Monteiro Prata, grande trabalhador, peão numa conhecida empresa do ramo de amianto, aposentado com vários problemas respiratórios devidos a essa atividade profissional, ganhador de uma medalha de latão por 30 anos de trabalho duro nessa mesma empresa (que minha mãe Vera Lucia Prata sempre me mostrou com orgulho), ganhador de uma aposentadoria pelo INSS (coisa que provavelmente não terei) e quem sempre tive como grande exemplo para minha vida. Falecido para o mundo, mas vivo em meu coração.

Ele sempre me dizia com aquele tom rabugento e inconformado, típico de pessoas simples, de baixa instrução, de origem campestre e sem fé no sistema:

"Sempre ouvi dessa tal de crise, meu neto. Isso é conversa! Ela nunca que acaba!"

Agradecimentos

Agradeço àquele que é eterno, criador de tudo o que há, que sempre existiu e sempre existirá. Àquele que inspira e dá vida. Àquele que nenhum homem pode definir ou compreender, mas que compreende a todos.

Àquele a quem não vemos, senão por espelhos e enigmas. Àquele em quem creio. Àquele que é.

(Tetragrama usado pelos hebreus há milhares de anos)

Sumário

Prefácio

Este não é um livro com a pretensão de dar solução para nenhum tipo de problema social. Tampouco pretende ser referência acadêmica para esse tipo de assunto. Muitos dos pontos levantados são de conhecimento geral. Frequentemente, o senso comum e até a "indignação comum" são usados como ferramenta para supor, propor e apresentar ideias, mas sem esgotar nenhum dos assuntos abordados, pois essa não é a proposta.

Este livro também não tem um objetivo social específico. Ele é a expressão de uma voz que compartilha reflexões sobre a realidade social confusa e ensandecida na qual vivemos para fazer você pensar. É um livro que deseja colocar mais uma "pulga atrás da sua orelha", para incomodá-lo. Isso mesmo, incomodar!

Na verdade, você com certeza já está incomodado com tudo o que será apresentado no decorrer da leitura. Acredito, porém, que a ótica crítica e até ácida utilizada aqui poderá estimular seus pensamentos. Quem sabe, se muitos de nós nos tornarmos incomodados o suficiente, possamos descobrir, juntos, um modo de escrever no futuro outro livro complementar a este chamado *Soluções para Dilemas Sociais de Estimação*. Mas infelizmente ainda não é este aqui.

Está procurando autoajuda? Vá a outra seção da livraria. Precisa de conforto? Que tal um livro religioso? Este aqui definitivamente não poderá lhe ajudar nesse sentido.

De fato, não prometo flores nem soluções. Garanto, contudo, que ao final você terá se identificado com muitas coisas. Terá pelo menos esboçado alguns sorrisos ao se observar em várias situações. E, acima de tudo, poderá constatar que pode ser considerado, no mínimo, um coadjuvante em certas situações básicas, corriqueiras, mas ainda assim surpreendentemente absurdas da nossa – às vezes triste e outras vezes ainda mais triste – realidade.

Boa leitura! E bons "incômodos"!

Falando de tudo e do dinheiro que... nada!

No mês passado, paguei 27,5% de imposto de renda e mais um valor absurdo para a "seguridade social". Aquela que beneficia quase ninguém, cujo dinheiro arrecadado de vez em quando é desviado e que, ainda por cima, dizem estar falida. Será?

Os negócios vão mal. Os clientes não pagam porque estão sem dinheiro. E agora eu é que estou sem dinheiro para pagar as contas. Contas que, por falar nisso, têm mais alguns impostos para serem pagos. Isso deve ser só para eu não perder o costume de pagar impostos... Seria lastimável eu, um brasileiro nato, perder um hábito tão típico da nossa cultura.

Muitos que conheço estão desempregados, ganhando pouco, cheios de dívidas... Enfim, todos estão com dificuldades financeiras. Por aqui se diz que, *depois que inventaram o tá ruim, nunca mais ficou bom para ninguém*! E para você, como está?

Para alguns, falta dinheiro até para comer! Mas o governo costuma dizer que já resolveu isso. Então, deve ter resolvido mesmo... Afinal, há tantas *bolsas* e tantos *projetos sociais...* O povo é que reclama demais!

Dizem que não há opções de lazer e educação para todos. O que você acha? Já viu o preço do cinema? Foi ao *shopping* neste mês? Ok, você foi, mas só para ver, né? Pois é, quase ninguém vai para **comprar** e adivinhe o que acontece com as lojas por causa disso? Realmente, fica difícil ter algo interessante e viável para fazer no final de semana. Com exceção de alguns afortunados que vivem muito bem localizados. Mas ainda esses enfrentam seus dilemas: violência, transporte ruim, alto custo de vida, e por aí vai.

Muitos dizem que sempre fui viciado em trabalho; os mais elegantes me chamam de *workaholic*. Devem dizer isso por terem me visto trabalhar durante a semana, muitas vezes de dia e de noite, e também incontáveis vezes aos sábados, domingos e feriados. Certa vez cheguei a trabalhar mais de três dias seguidos sem dormir! Mas hoje a coisa está bem melhor. Velhos tempos de insônia e guerra...

Realmente parece ser "muito amor à arte de trabalhar". Mas acreditem, juro que não é isso! Gosto demais do meu trabalho, isso é fato. Sou privilegiado por fazer algo que gosto, muitos não têm essa oportunidade. Mas também nunca planejei ser um escravo do trabalho. Parece estranho para alguns que me conhecem, mas juro que gosto de ir à praia, passear, viajar, descansar e até mesmo de dormir. Sério! Mas nem mesmo minha esposa acredita nisso. Fazer o quê?

O problema é que meu "sócio majoritário", o tal do governo, bem... ele sempre quer a parte dele e sempre quer mais! E imagine de onde vou tirar a parte dele? Da plantação de notas de cem que tenho no quintal? Ou você acha que vou ter que trabalhar três vezes mais para poder sustentar primeiro a ele e depois a mim? Todos sabemos a resposta... Da plantação de notas de cem, claro! Trabalho tanto por não ter nada melhor para fazer! Você não sabia?

Mas o dinheiro em abundância não é o único dos nossos problemas. Quando andamos à noite, voltando da faculdade, do trabalho, do curso, sempre estamos preocupados, porque a violência tem crescido demais. E são tantos os comentários sobre assaltos e agressões que a gente fica com vontade de não sair de casa nem para olhar se está sol ou se está chovendo.

Voltando ao problema do excesso de dinheiro, aquele que nem sabemos como gastar, me lembrei de um amigo que certa vez bateu à minha porta para me pedir ajuda, e eu quis muito ajudá-lo. No entanto, pude muito pouco na época, porque também estava precisando de alguém que me ajudasse, se é que você me entende... Então, dei o que pude e disse a ele: "o resto Deus vai te ajudar, eu não posso".

Percebi naquele dia, há alguns anos, que o alívio do pobre é esse: a fé! Já pensou o que seria do pobre se não fosse a fé? O sujeito trabalha o mês inteiro, consegue aquela "pequena fortuna" com suor e lágrimas – que acaba antes do dia 10 de cada mês – e ainda tem que se consolar com a sua fé para levar os outros 20 dias. Afinal, fé é a única coisa que ele pode ter o mês inteiro, não é? Parece piada, mas é verdade. Já que o salário não ajuda, então só Deus mesmo! O sujeito neste país trabalha igual a um burro de carga e, no final, precisa recorrer a Deus, pois o salário, ó... nada!

Mas até quando a esperança e a fé nos levarão em seus braços? E quando a fé der lugar a um revólver 38, uma pistola 9 milímetros ou um fuzil AK47? Aí como é que fica o pobre e a pobre coitada da vítima que ele vai fazer? Nossa... Voltamos a falar de violência. Será que uma coisa está ligada a outra?

Certa vez conheci uma pessoa muito educada, humilde, séria e que se apresentou como um profissional precisando de trabalho. Eu precisava do serviço oferecido por ele e o contratei.

Vou ajudar-me e ajudá-lo, pensei comigo mesmo. Ele, como um bom prestador de serviços autônomo do tipo "faço tudo, aqui está meu cartão", pegou o adiantamento e simplesmente "adiantou o próprio lado", claro! Ele simplesmente sumiu! Tenho a sensação espiritual e transcendental de que não fui o primeiro e nem o último que ele enganou. Não me lembro agora se foram os búzios ou alguma bola de cristal que me revelaram isso. Mas também não precisa ser vidente para saber que no país da malandragem o que não falta é malandro. Embora eu ainda não tivesse aprendido isso naquela época... Mais cuidado na próxima!

A todo o momento vemos a corrupção dominar a sociedade e os tais "valores se inverterem". A cada dia mais e mais **cordeiros** se despem de sua lã para se vestirem da pele que os **lobos** usam. Mais **predadores** destruidores de almas levam a falta de ética e o desrespeito adiante nessa guerra travada para destruir a nossa humanidade. Esses pobres infelizes, achando-se **leões**, têm se mostrado verdadeiras **mulas**, recebendo sobre seus lombos a carga pesadíssima da culpa! Nossa, essa foi uma "metáfora animal"!

Conheço também algumas pessoas que se dão muito bem com o trabalho alheio, mas de forma totalmente legal! Ou pelo menos de acordo com as interpretações mais otimistas e favoráveis da lei que, por sua vez, sempre enxerga, ainda que no escuro, aqueles que lhe convém enxergar! E cuidado com a letras miúdas...

Diante de tantas adversidades, o cidadão comum, morador da periferia, que acorda de madrugada e chacoalha horas numa *lata de sardinha* até o *trampo*, depois, de volta, não tem tempo para "refletir sobre a vida", para "se politizar", para "conhecer o trabalho de seus representantes" ou ainda para "filosofar sobre as questões sociais". Alguém atira a primeira pedra? É claro que não.

No fim de semana e nas poucas horas vagas, tudo o que se quer é extravasar, pôr para fora um pouco desses tantos demônios horríveis que citamos aqui. Muito sono, condução lotada, engarrafamento, patrão chato, dia cheio, mais engarrafamento, salário minguado, falta de lazer, violência, pedinte na porta da lanchonete, garoto chato que fica querendo engraxar seu sapato, filho que brigou na escola, cachorro com dor de barriga...

Nossa, chega! Hoje eu vou beber até cair! Quero uma *balinha*, um *cigarrinho do capeta*, um *cachimbinho do diabo*, quero *ficar de boa*, balançar a noite toda ao som de qualquer barulho sem sentido e, de quebra (de preferência, na verdade), deixar o vizinho sem dormir! Enfim, qualquer coisa, contanto que essa "coisa", mesmo que "imoral, ilegal ou proibida", me faça viajar por alguns momentos para qualquer lugar longe desse monte de problemas. Até que um dia eu tenha a sorte ou o azar (difícil decidir) de ser levado por ela de uma vez e para sempre!

O que estamos esperando, afinal? Vamos sair para sermos felizes vagabundos atordoados com os nossos milhões de problemas esquecidos e superados por um maço de cigarros ou uma garrafa de cachaça, afinal todo mundo tem seu vício de pelúcia, não é? Dilemas de estimação...

E para que se preocupar com a vida? Eu não posso mudar nada mesmo! Político *é tudo* ladrão, violência tem em todo lugar, emprego nenhum dá valor a ninguém, *tá* difícil para todo mundo, estudar não muda nada e o Brasil não tem jeito! É o que dizemos. Além do mais amanhã é segunda-feira e começa tudo outra vez. Acho que vou "arrumar um atestado" para amanhã, não sei se vou conseguir levantar depois de tanta farra...

Vou concluir este texto, que fala de tudo e de nada, contando a você uma pequena história. Dizem que, num belo dia, num lugar muito distante, estavam fazendo uma grande festa. Nem todos comiam... Mas todos se divertiam, pois a música era boa. Também havia muita bagunça e animação! De repente alguém, lá de longe, gritou que vinha uma tempestade. Algumas pessoas que olharam para o horizonte viram nuvens muito escuras e a apavorante aparência de uma coluna de destruição. Mas ninguém deu importância e alguém aumentou a música para o assobio da tempestade, que ainda estava longe, não atrapalhar a festa.

Em um dado momento, lá pelo meio da madrugada, a tempestade alcançou o local da festa e então as coisas começaram a voar. As casas foram completamente destruídas, os animais corriam apavorados, carros eram lançados a distância. Muito horror assombrava até os mais corajosos! Mas aquelas pessoas na festa batucavam cada vez mais alto os seus instrumentos para que não percebessem tudo o que estava acontecendo. Elas tentavam ignorar a tempestade acreditando que logo iria passar.

Mas a tempestade seguiu arrasando toda a cidade e destruindo tudo em seu caminho, até não sobrar nada nem ninguém! Estranhamente as pessoas pareciam não notar quando a tempestade chegou e todos foram pelos ares, sorrindo e cantando como se ainda estivessem no chão fazendo a sua grande festa. Naquele dia todos morreram. Tudo foi destruído. Mas até hoje ninguém que soube do que aconteceu conseguiu entender uma coisa muito importante. Não conseguiram entender que o grande erro daquela gente, alegre e festiva, foi não fazer nada enquanto alguma coisa ainda podia ser feita. Você conhece um povo assim?

À nossa saúde!

Alguém foi mandado embora depois de muitos anos de trabalho honesto e agora não sabe o que fazer. Pensa em como se recolocar no mercado de trabalho e, ao mesmo tempo, não consegue parar de refletir sobre o que aconteceu durante esse tempo em que se dedicou a... Bem, agora já não importa mais.

O aposentado, depois de ter perdido toda a sua saúde para o tempo e para o exercício da sua atividade profissional, tenta sobreviver com um salário tão curto que não lhe concede sequer o "luxo" de ter um plano de saúde e, ao mesmo tempo, fazer as compras do mês. Esse povo sempre querendo demais...

Uma empresa empregou muitos trabalhadores ao fechar um contrato importante e milionário. Mas em poucos meses sumiu sem deixar rastros, e as pessoas ficaram jogadas à própria sorte. O sindicato disse que tomará as devidas providências. O prefeito disse que apoiará os trabalhadores em tudo o que for necessário. A TV disse que "isso é um absurdo". Mas até agora, infelizmente, a indignação da sociedade e os *tapinhas nas costas* não foram aceitos pelo caixa do banco como pagamento das contas do mês. Gente mesquinha essa do banco, não?

Para todos os lados que olhamos vemos histórias como essas que descrevem o cenário social em que vivemos. As pessoas tornaram-se "recursos". Praticamente um "combustível biológico" que é queimado para manter funcionando a *máquina social* à qual **servimos**. Somos efêmeros e descartáveis. Resumindo, o que importa é manter a massa pobre bem pobre e trabalhando para manter os ricos... bem ricos! Afinal, não há como todos serem ricos, não é mesmo?

Para todo serviço público, cuja qualidade conhecemos bem, há filas imensas, recursos precários, servidores insatisfeitos e, de uns tempos para cá, até sem salários! Mas, meu Deus, aqueles caixas bancários ainda não entenderam?! Alguém avisa lá, por favor, que tapinhas nas costas pagam as contas! Acredito que todos ficaram sabendo da dificuldade que os servidores públicos estão passando para receber seus salários. Mas vai que alguém não saiba, então seguem alguns exemplos:

Portal G1, em 8/11/2016, publica: "Sem salário, médicos de hospital no RJ só atendem casos mais graves"[1];

Site UOL Notícias, em 7/9/2016, publica: "Servidores do Rio ainda não têm garantido o recebimento de salários atrasados"[2];

Portal G1, em 22/11/2016, publica: "Crise econômica gera problemas graves na saúde em vários municípios"[3]. Nesta matéria é mencionado que os médicos estão há sete meses sem salários.

---

1 Disponível em: http://g1.globo.com/rio-de-janeiro/noticia/2016/11/sem-salario-medicos-de-hospital-no-rj-so-atendem-casos-mais-graves.html.
2 Disponível em :http://noticias.uol.com.br/ultimas-noticias/agencia-estado/2016/09/07/servidores-do-rio-ainda-nao-tem-garantido-o-recebimento-de-salarios-atrasados.htm.
3 Disponível em: http://g1.globo.com/bom-dia-brasil/noticia/2016/11/crise-economica-gera-problemas-graves-na-saude-em-varios-municipios.html.

Essas são somente algumas notícias do Rio de Janeiro e de São Paulo, onde o problema do não recebimento de salários tem ocorrido. Mas eles ocorrem em todo o país e, em alguns casos, os servidores estão há meses sem receber! Como é o caso da terceira matéria que citei, publicada no G1, na qual os médicos estão **há sete meses**, digamos, nas "mãos de Deus"! Veja a publicação:

FONTE: Portal G1 – http://g1.globo.com.

E assim, sem condições, sem recursos, sem moral e sem estímulo, nossos servidores seguem como Lulu Santos disse que "… caminha a humanidade, aos passos de formiga e sem vontade". Essa frase retrata bem a situação. Doentes lotam hospitais sem leito, sem remédio e sem respeito. Pessoas são amontoadas pelos corredores sujos e, às vezes, até torcem para morrer!

Um tio meu, Sérgio Henrique Prata, morreu em 2010 exatamente dessa forma, no corredor de um hospital público em Duque de Caxias, no RJ. Não havia condições para atender todos e nem para transferi-lo para outro hospital. Enquanto corríamos com uma ação na Justiça para conseguir a transferência, ele piorava naquele corredor. E no momento em que meu irmão, advogado recém-formado (uma grande vitória para a família que acabara de ganhar seu segundo graduado), chegou com a ordem judicial nas mãos, descobriu que infelizmente era tarde demais. Nosso tio havia falecido há poucos minutos, deixando dois filhos pequenos para trás.

O evento causou revolta em toda a família. Meu irmão não se conformava e esbravejava, como se a sua ira pudesse trazer nosso tio de volta. Era uma vida que se perdia, deixando a dúvida cruel que paira no coração de tantos familiares com uma história parecida como essa para contar: Será que o desfecho teria sido melhor se o hospital tivesse condições adequadas para atendê-lo? Essa dúvida, que muitos brasileiros conhecem, dói mais que a perda do familiar. E o pior sobre ela, a dúvida, é que nunca se despede de nós.

Então alguém chega e dá à pessoa a notícia de que ela tem câncer, aids, úlcera ou qualquer outra doença terrível. E é nesse momento que essa pessoa se lembra de que não tem um plano de saúde e pensa: "E agora... a solução vai ser entrar na fila do SUS!". Ou seja, não dá para ser pior, não é?

Até um tempo atrás era normal vermos hospitais, ONGs e instituições sociais pedindo ajuda na televisão. Às vezes, num mesmo intervalo comercial, assistíamos a dois ou três pedidos de uma "ajuda de qualquer valor". Um velho costume das ruas deixou de ser praticado apenas por mendigos e desvalidos. Todos precisam de dinheiro, e muito! Mas e aqueles impostos, eram para que mesmo? Ah, sei lá... Dizem que alguém usou para comprar um sítio e uns pedalinhos lá em Atibaia. Outros dizem que usaram para comprar um jatinho para algum político importante pode viajar de forma decentemente confortável. Criativa essa gente que fala, não?

E por falar em pedir, há algum tempo venho notando que até mesmo grandes empresas, como redes de televisão, começaram a utilizar esse artifício para arrecadar dinheiro e, assim, ajudar pobres crianças carentes em todo o país. Muito nobre, não acha? Acredito inclusive que todos devem participar! É uma grande falta de sensibilidade não participar de projetos tão bem intencionados e de tão nobre propósito.

Mas o que, você acha que já pagamos por isso? Acha que essas empresas podiam usar o dinheiro gasto naquelas festas monumentais, organizadas com o único propósito de promover esses projetos, com as pobres criancinhas? Você vai insinuar que essas empresas poderiam doar parte do próprio lucro para isso em vez de pedir para nós? Você não sabe o que está dizendo! Está sendo mesquinho! Deveria sentir vergonha de pensar isso. Pegue o telefone e faça uma doação agora mesmo! Ah, só um detalhe: doe, mas você não pode descontar no seu imposto de renda, ok?

Outro assunto que me chama a atenção e sobre o qual ouço muito falar no telejornal é aquele sobre o "mercado informal". Todos sabemos do que se trata. Mas caso você não saiba, são os muitos desempregados que, no bom português, *se viram* para sobreviver. Além deles, há também os muitos sonhadores e grandes batalhadores que têm seu próprio pequeno, micro ou microscópico negócio no fundo, bem no fundo do seu quintal. Em suma, falamos daquela atividade que esses guerreiros não conseguem formalizar (registrar) por causa das inúmeras dificuldades colocadas por nosso governo para se fazer isso. E, é claro, não podemos nos esquecer também de outros tantos que estão no tal *mercado informal*, porque não possuem qualificação profissional para competir no mercado de trabalho, cada vez mais exigente, e por isso também precisam *se virar*.

Lembra-se dos caixas bancários? Pois é... Mais um problema que eles não entendem.

Todos esses trabalhadores informais não possuem nenhum direito. Claro, são "informais", ou seja, para o estado eles nem existem. E frequentemente os vemos nas ruas sendo perseguidos e desrespeitados por polícia, governo e "cidadãos honestos de todos os tipos". O governo e a mídia tentam colocar o assunto da forma mais interessante possível, maquiado... Às vezes fica até emocionante: brasileiros empreendedores que sonham com a independência financeira! Soa muito bem, não acha? Mas, na verdade, tudo isso é resultado de uma educação precária, da falta de oportunidades e da falta de incentivo à iniciativa privada. E todo mundo *está careca* de saber disso.

Quer um exemplo? Olha só que coincidência: com o aumento do desemprego durante a crise de 2016, houve também aumento súbito e significativo de pessoas "migrando" para o mercado informal e também de pessoas "abrindo o próprio negócio", principalmente como MEI (Microempreendedor Individual). Veja esta matéria publicada pelo jornal *O Globo*, em 16/3/2016[4]:

Em meio à crise, registro de MEIs no Rio cresce 36% no primeiro bimestre

Formalização do trabalho autônomo é recurso para aprimorar negócios

FONTE: Jornal *O Globo* – 16/3/2016.

---

4 Disponível em: http://oglobo.globo.com/economia/em-meio-crise-registro-de-meis-no--rio-cresce-36-no-primeiro-bimestre-18883444.

Eu diria que 36% é um aumento significativo. E você? Esse dado foi divulgado pela Jucerja (Junta Comercial do Estado do Rio de Janeiro), segundo a matéria. Mais interessante ainda é o seguinte trecho: "Por causa da questão econômica, o MEI acaba sendo uma maneira de formalização para uma pessoa que **saiu de um trabalho tradicional**, e a **mortalidade desse tipo de negócio** é uma preocupação do Sebrae".

A matéria não apresenta essa como única causa possível para explicar o aumento no registro de MEIs. Ela fala também sobre a pacificação das favelas e de medidas tomadas nós últimos anos para facilitar o processo de abertura do MEI. Mas, se continuar pesquisando, você poderá constatar que esse evento não ocorre de forma isolada no Rio de Janeiro, onde houve pacificação de favelas. Além do mais, o processo de pacificação se encerrou em 2014 (veremos mais detalhes à frente). Então, por que só em 2016 é que a pacificação foi surtir esse efeito?

Há também quem diga que, na verdade, isso tudo é porque o brasileiro está "empreendendo mais". Vejamos se entendemos bem isso: as pessoas, súbita e coincidentemente, num momento de grave crise econômica nacional, em que muitos estão ficando desempregados, resolveram "investir na independência financeira" abrindo seu próprio negócio. E isso justamente quando muitas empresas, já consolidadas no mercado, estão demitindo, cortando investimentos e até fechando as portas. É realmente um fenômeno incrível!

Enfim… Não estamos bem na saúde, na educação, na economia, na ética, no bom senso… Está difícil dizer no que estamos indo bem. Em geral, não somos patriotas, não temos orgulho das nossas origens, não amamos o nosso país com paixão e só vestimos as cores da nossa bandeira de quatro em quatro anos para torcer por um punhado de homens correndo num campo gramado.

Já ouviu falar de gente que não pensa no futuro? Acho que estamos pior, parece que não estamos pensando nem no presente. Mas só parece... Falamos muito, mas na hora de escolher nossos representantes colocamos qualquer um no poder, sem sequer reparar como está a "ficha" desse cidadão, se limpa, se suja... Nas eleições para vereadores e prefeitos de 2016, houve até candidato eleito que não pôde assumir o mandato por motivos legais. Ou seja, o povo elege até um criminoso para dirigi-lo e representá-lo. Será que isso tem alguma chance de dar certo? Ponha um lobo para cuidar de suas ovelhas e depois me diga qual foi o resultado.

Veja mais um exemplo do que estou falando. O *site* IG Último Segundo (e também vários outros meios de comunicação) publicou uma matéria[5] falando sobre esse problema de candidatos eleitos que estavam com a "situação indefinida":

FONTE: *Site* IG Último Segundo – 6/10/2016.

---

5 Disponível em: http://ultimosegundo.ig.com.br/eleicoes/2016-10-06/tse-prefeitos-eleitos-podem-nao-assumir-cargo.html.

Depois de pensar em todos esses problemas, cheguei à conclusão de que moro num hospital muito grande, uma verdadeira imensidão! Ele é dividido em 26 estados e um distrito federal. Aqui há milhões de doentes abrigados hoje e, é claro, fica muito difícil cuidar de todos eles, principalmente porque muitos não aceitam e não reconhecem sua doença. As alas mais cheias são as que tratam de conformismo, as que cuidam de burrice e as que tentam ressuscitar as vítimas de ganância. Falta remédio para toda essa gente, pois o caráter e a vergonha na cara, importantes para o tratamento, são produzidos com uma erva que está em extinção no planeta. Há muitos pesquisadores empenhados em reproduzir o princípio ativo dessa erva, mas eles encontram muitas dificuldades, porque ninguém se lembra mais de como ela era exatamente. É difícil encontrá-la e reconhecê-la. Nossa situação hoje é muito grave, pois até os mais velhos começam a se esquecer de como as coisas funcionavam no tempo da sanidade, se é que realmente já tivemos alguma.

No meio desse clima desesperador, os médicos começam a perder as expectativas e desistem dos seus pacientes. Muitos já abandonaram a profissão por se sentirem impotentes perante tamanha epidemia. Temo por não saber se sobreviveremos a essa tão grande crise patológica e, quem sabe um dia, se poderemos estar de acordo com a definição de saúde dada pela autoridade mundial no assunto, que cita o *bem-estar físico e mental* como característica de um uma pessoa saudável. Com tanta tecnologia, é até relativamente fácil curar muitos dos problemas do corpo, mas não temos nenhuma garantia com relação à nossa forma de pensar e conduzir nosso bem maior como povo que somos: o nosso grande hospital, o nosso Brasil.

Viva a democracia!

Ouvi muitas lindas histórias de luta e conquista enquanto crescia e estudava na maravilhosa rede de ensino público. Quando não havia greve, é claro. Em algum momento, ouvi falar de como nós, brasileiros, revolucionamos tantas vezes este país com vitórias sem precedentes como a "Lei Áurea", a "Independência da República" e a democracia na luta por "Diretas Já!". Todas conquistas do povo e para o povo!

Ah, a democracia... Adoro o seu cheiro pela manhã enquanto assisto ao telejornal e tomo o meu café... Isso de fato me inspira! Inspirou até para este livro, coisa que você já deve ter percebido.

Uma de nossas maiores conquistas, sem dúvida, é a democracia. Ensinaram-me que ela é a "coisa" que faz com que as pessoas sejam iguais e tenham a mesma condição de decidir sobre o **futuro de todos nós**. Também me ensinaram que a forma mais eficiente de praticar a democracia é por meio do **voto**. É pelo voto popular que construímos este país maravilhoso e abençoado por Deus. E olha quanto orgulho temos dele, não é? Viva a democracia!

Quando eu era adolescente, adorava assistir ao desfile no dia 7 de setembro. Achava uma coisa incrível! Via os soldados, tanques e cavalos marchando naquele sol de mais de 40 graus que fazia na avenida Presidente Vargas, no Rio de Janeiro, e pensava quanto orgulho aqueles soldados deviam ter por estar ali desfilando. Eles representavam a nossa nação! Foi o que me disseram na escola. E eu acreditava mesmo nisso. Sonhava em um dia estar ali também.

Porém, cresci e comecei a perceber que essa história não é bem assim. Quando chegou a minha vez de participar do desfile, eu não estava tão motivado como pensei que estaria. Na verdade, eu não tinha nenhuma vontade de participar daquilo e então *dei um jeito* de *ficar de fora*. Por algum motivo estranho, não encontrei esse orgulho que pensava existir no coração dos que marchavam. Não encontrei o fundamento e tinha vergonha do meu país em vez de orgulho. Continuava amando e admirando nossa terra por suas belezas e riquezas incomparáveis. Isso eu via na televisão e tinha uma vontade enorme de conhecer. Mas a conversa que ouvi sobre democracia e um país "para todos" não me parecia ser tão verdadeira na prática quanto era na teoria.

Vamos entender os motivos…

Comecei a achar que toda aquela riqueza que eu via na televisão não estava, por assim dizer, muito bem distribuída. Comecei a achar que o lugar onde eu morava não lembrava muito aquelas paisagens da televisão. Comecei a suspeitar que podiam estar me enganando… Mas, de repente, era só uma cisma minha.

Onde eu morava as coisas eram, digamos assim, um pouquinho atrasadas para a época. Quando criança, eu não percebia a diferença, claro. Para mim, o mundo todo era daquele jeito. Mas a gente cresce e fica exigente. Nós até já tínhamos energia elétrica, disso não podíamos reclamar! Minha mãe me contava de quando nem isso eles tinham e eu me sentia um privilegiado por poder assistir a desenhos na TV em preto e branco. Mas algumas coisas, menos importantes, a gente ainda não tinha. Por exemplo, nós não tínhamos água encanada, saneamento básico e ruas asfaltadas.

Se ninguém tivesse dado energia elétrica ao pobre aqui, talvez ele continuasse ignorante e conformado. Mas o erro dessa gente que sobe ao poder é que eles não sabem: Se você der o dedo, logo vão querer o braço, o corpo, água encanada, asfalto e até internet! E foi o que aconteceu. Deram-me televisão, daí eu comecei a achar que tinha direito a ter água saindo na torneira e rua asfaltada para caminhar. Pode isso? O pobre não se enxerga...

E essas ideias foram tomando conta da minha mente. Eu não queria mais tirar água do poço. Eu não queria mais ver meu chinelo cheio de lama enquanto tentava descer o morro sem me sujar todo. Até porque muitas vezes eu escorregava no barro, caía no chão e aí não era só o chinelo que ficava cheio de lama. Cara, aquilo realmente me irritava muito! Eu não queria mais ficar só cuidando das cabras e galinhas do meu pai. Comecei a querer conhecer o mundo. Comecei a achar que devia ter as coisas boas que os ricos tinham.

Um dia levaram a mim e meu irmão, ainda muito pequeno, para visitar a casa de alguém que morava num lugar chamado "Barra". Nome estranho – eu pensei –, nunca ouvi falar! O tal lugar ficava muito longe, e nós demoramos muito para chegar lá. Mas quando chegamos, vi pela primeira vez na vida as coisas que eu ouvia falar que os ricos tinham. Era um prédio enorme, lindo demais, tudo era muito limpo e organizado. A gente nem precisou usar a escada, tinha um tal de elevador que "subia com a gente", tipo mágica! Aquela foi uma experiência incrível que eu nunca esqueci.

Eles não tinham poço, não sei como a água chegava lá, tão alto! Só sei que tinha bastante. A rua era asfaltada e nela passavam vários carros. Era até perigoso. Eu só tinha visto tantos carros assim numa rua muito larga que ficava há uns 20 minutos andando da minha casa. A gente só ia lá para pegar ônibus para lugares distantes. Era a BR-040, a rodovia Washington Luiz, e eu só não sabia o nome daquilo.

Como se já não bastasse tantas mordomias, do outro lado da rua (asfaltada, não se esqueçam, pois é muito importante!) ainda havia sabe o quê? Uma praia, meu amigo!!! É isso mesmo, e com areia branca e um mar belíssimo! Eu nunca tinha visto areia daquela cor, nem sabia que existia! Eu só tinha visto até então os mangues da região hoje chamada de Magé, lugares como Mauá, Barão do Iriri e Suruí, onde eu ajudava meu pai a pescar e pegava caranguejos para fazer "caranguejada" no bar à noite. Mas aquilo ali era muito, mas muito mais bonito! Definitivamente não dava nem para comparar! Com todo respeito aos mangues do nosso rico Brasil e aos moradores de Magé, lugar que frequento até hoje, ok?

E naquele dia eu pensei: "queria morar num lugar assim". Perguntei se a gente não podia ir morar lá. Mas parece que era muito difícil conseguir uma casa por ali, então ficamos em Duque de Caxias mesmo. Não era a mesma coisa, mas parece que meu avô já tinha "conseguido pagar". Não entendi muito bem, eu tinha só 7 ou 8 anos. Mas, se não dava, fazer o que, não é?

A partir de certo ponto na minha vida, comecei a ficar com vontade de "ser alguém". Talvez assim eu conseguisse ter aquelas coisas todas, tão lindas. Eu ainda pensava em ir para a vida militar. Foi o plano que eu tracei aos 10 anos para "ser rico". Pobre alma... Eu tinha um tio que conseguiu ser fuzileiro naval e, um dia, ele me levou a um lugar fantástico onde havia muitas praias. Era a Ilha da Marambaia. Então concluí que ser militar era muito bom e queria ser também. Não me avisaram, contudo, que ele só estava ali "servindo a pátria" e que logo seria dispensado para sempre, sem direito a nenhuma daquelas casas e praias que eu vi na ilha.

Na "época dourada" de nossa família, meu pai começou a nos levar a um lugar muito distante chamado Angra dos Reis. Mas minha mãe não gostava de ir lá. Eu achava o lugar mais lindo do mundo! Mas ela reclamava e dizia que o meu pai "gastava tudo" e que não "podíamos viver daquele jeito". Levou um tempo para eu entender o que ela queria dizer. Notei que havia algo errado quando comecei a comparar nossa realidade diária com a forma como vivíamos naqueles poucos dias, enquanto estávamos naquele lugar. Mesmo assim ficava em dúvida se, no final, não valia a pena, mesmo que fosse por pouquíssimo tempo.

Cresci, comecei trabalhar aos 14 anos num boteco que meu pai abriu e já me achava um homem por isso! Eu não tinha salário e nem "mesada", mas estava "ajudando". O problema é que meu pai nunca foi bom em administrar um comércio e também não tinha dinheiro para colocar muitas mercadorias. Então, logo o negócio fechou.

Nunca mais parei de trabalhar. Tive meu primeiro emprego de verdade aos 16 anos, mas logo tive que o abandonar para "servir à pátria". Ficou muito difícil conseguir emprego nessa época, pois, se alguém me contratasse, sabia que teria que me mandar embora depois, por causa do serviço obrigatório. Então, eu ficava só esperando e me virando sem muitas opções.

Até aí já estava muito velho (do meu ponto de vista). Quase 18 anos! E ainda não tinha dado "um jeito na minha vida"! Isso me preocupava muito. Então a solução apareceu: um colega disse que, se eu entrasse para a faculdade, podia ir para o Exército e ser um oficial. Ele disse que ganhava muito dinheiro e que estava se preparando para isso também. A gente só tinha que conseguir entrar na faculdade, depois entrar no Exército e bingo! O futuro estava garantido!

Então partimos para o cumprimento do plano. Nós cinco: eu, Marquinhos, Marcos Cabeça, Maxuel e Roberto (este último era "o rico", pois tinha telefone na casa dele). Ninguém tinha como pagar a tal da faculdade. Muito menos tínhamos preparo para entrar numa faculdade pública. Eu não sabia nada de inglês, por exemplo. Muito mal decorei o verbo *to be*. No primeiro grau a gente tinha aula do que tivesse professor disponível. E cada série da escola era um *kinder ovo*, ou seja, uma surpresa!

Mas eu já queria mesmo fazer faculdade. Minha família não entendia isso. Eles não entendiam "para que servia isso", afinal, *"ninguém aqui nunca fez faculdade e a gente vive"* – me diziam. E minha mãe tinha ouvido falar que *estudar demais deixava a pessoa maluca* e ela sempre teve medo que eu ficasse maluco de vez! As pessoas já comentavam que eu não era muito normal e só estava no segundo grau. Então ela achava que isso podia piorar e muito! Ela não estava assim tão errada...

A gente combinou de resolver um problema de cada vez. Primeiro a gente tinha que conseguir entrar na faculdade e se alistar. Depois a gente podia pagar com o próprio dinheiro que ganharia no exército. Enquanto isso, a gente podia *deixar a faculdade trancada*. Fácil!

Plano feito, assim fizemos! Foi um pouco difícil alcançar a pontuação mínima, mas passamos em uma faculdade particular. A concorrência não era grande, afinal todos tinham a mesma educação de péssima qualidade que recebemos. Era uma espécie de "briga de cachorro pequeno". E em terra de cego... adivinha?

Para finalizar e resumir esta minibiografia de frustrações e dificuldades, o plano de ser oficial não deu certo, é claro. Lá descobrimos que o *soldo* de aluno era uma miséria e que ainda tínhamos que pagar tudo o que íamos utilizar no quartel, como uniformes e acessórios. Tudo saía do nosso bolso, ou melhor, nem chegava a entrar. Era um salário mínimo ou dois, não me lembro agora. Mas sobrava apenas cerca de R$ 50 depois de aplicados os descontos e, por causa disso, a faculdade também foi por água abaixo.

Sem possibilidade de conseguir a carreira de oficial do Exército e sem estudos, ficamos durante todo o curso passando por muitas experiências e privações, apenas contando os dias para acabar aquele verdadeiro inferno. Não havia expectativa de nos tornarmos nada ali, estávamos sendo formados para o *contingente de reserva* do Exército brasileiro. Depois daqueles cerca de três sofridos anos, entre preparação, curso, formação, estágio na tropa e, finalmente, a liberdade, precisamos recomeçar do zero. E o tempo perdido, bem... ficou perdido mesmo.

Depois de ter tantas experiências ruins e depois de perceber que a vida não distribuía da mesma forma as oportunidades para todos, mesmo num país "democrático" como o nosso, ficou bem difícil continuar acreditando nas conversas que eu ouvi na escola quando era pequeno. Lembra-se do sonho de desfilar no dia 7 de setembro? Então, quando chegou a minha vez, eu só vivia pensando em como ia fazer para me sustentar quando saísse do quartel. E até minha namorada da época, quando soube que as expectativas não eram boas, subitamente perdeu o interesse neste belo exemplar do sexo masculino que vos escreve. Achei estranho...

Assim é a democracia em nossa "pátria amada Brasil!" até os dias de hoje. Justiça social é um termo difícil que parece ter sido construído com palavras de um dicionário estrangeiro. Além de não haver oportunidade para todos, temos um governo (sai um, entra outro, mas parecem todos iguais) que realmente não sabe o que está fazendo e que, além disso, governa apenas para si e seus "associados".

Quanto ao voto, não sabemos como os candidatos que se apresentam foram indicados, não há critérios eficientes para selecionar pessoas capacitadas aos cargos públicos, não podemos recusar um candidato se ele não for considerado digno por nós e não podemos deixar de votar, pois o voto é obrigatório. E, se você anular o seu voto ou votar em branco, está praticamente assinando um cheque em branco, pois isso significa votar com a maioria, seja qual for o resultado.

Isso se parece com a mesma democracia que nos ensinaram na escola? Faz algum sentido? No fundo, você acha mesmo que está escolhendo alguém? Parece mais que há grupos dominantes que determinam seus candidatos e, a nós, cabe apenas escolher qual desses grupos será o mais privilegiado a cada eleição. É quase uma ditadura, só não é de fato porque até o momento nenhum desses grupos dominantes conseguiu acabar com os demais grupos concorrentes. Ah, lembrei! Isso tem um nome... É partido político!

Alguém certamente vai dizer neste ponto que estou sendo ignorante, que os partidos políticos indicam seus candidatos com critérios bem definidos e com muito cuidado. Alguém dirá que existe uma ideologia partidária a ser seguida e que os indicados são representantes daquela ideologia que, acreditam, pode mudar o Brasil para melhor.

A solução é a direita, dizem uns; a esquerda, dizem outros. O problema é que no Brasil os políticos dependem do apoio de grandes empresas privadas para se elegerem, dizem outros mais. Não, a verdade é que precisamos de reforma política e partidária, e isso, sim, resolveria todos os problemas, afirmam outros.

Bem, realmente não sei qual é a solução. Se soubesse, em vez de escrever este livro, estaria consertando tudo. Mas também não acredito que nenhuma dessas fórmulas mágicas, advindas de pensamentos simplistas tais como "é só fazer isso" ou "só fazer aquilo", possa resolver em definitivo todos os nossos problemas.

Vou chover no molhado, mas darei um palpite com segurança e certeza de não errar. Vou dizer a você que precisamos aceitar o remédio mais amargo e que precisará ser tomado por muito tempo, algumas décadas, até expurgar todo o atraso político, social, econômico e cultural que nos domina. Esse remédio é o investimento massivo, tanto no âmbito estatal como no âmbito pessoal, em EDUCAÇÃO.

Mas lá vem o papo da educação de novo...

Veja, ainda tenho **vizinhos** analfabetos com cerca de 15 anos de idade na data em que escrevo este texto. Perceba que usei o termo **vizinho** para deixar claro que não falo aqui de estatísticas publicadas em uma revista. Falo de pessoas que moram perto de mim e que eu conheço. E estou falando de 15 anos. Não estou falando apenas da minha avó, que cresceu e viveu colhendo café e cana no interior do Rio de Janeiro. Ela ainda está viva e me conta as histórias de uma vida ainda muito mais difícil do que a que eu tive.

E qual é a diferença entre o tempo dela e o nosso? A diferença são os recursos disponíveis para nós hoje e que no tempo dela não existiam. Hoje temos acesso privilegiado à informação, e é por isso que chamei de **remédio amargo**. Ele é amargo porque hoje temos os meios, mas parece que não temos nenhum interesse em mudar o nosso país de fato. Reclamamos de "políticos que precisam fazer alguma coisa", mas nós, cidadãos, precisamos querer essa mudança muito mais do que eles. Será que realmente queremos essa mudança a ponto de colocarmos as mãos na massa? Ou será que vamos continuar aguardando aquele político salvador, um quase "Jesus", que irá nos tirar do lamaçal da corrupção e da desigualdade social?

Eles, os políticos, não parecem estar incomodados com a situação do país. Eles vão indo muito bem, e de jatinho de preferência. Eles possuem contas no exterior, milhões e até bilhões em investimentos, iates, muitas propriedades (tríplex, sítios etc.). Eles estão bem assessorados com todos os tipos de *personals* imagináveis. Conhecem o mundo todo com o nosso dinheiro, comem coisas estranhas e caras que você nunca ouviu falar. Tomam café de mil dólares o quilo, importado sei lá de onde e processado no intestino de aves especiais ou elefantes indianos. Eles já fizeram tantas orgias com os mais variados gêneros que hoje alguns nem mesmo encontram mais prazer no sexo e já passaram para coisas "superiores" que nem vale a pena citar aqui.

O que estou tentando dizer a você de forma bastante aberta é que muito dificilmente eles, os políticos que você espera que mudem o país, vão mexer alguma palha para que essa mudança aconteça e por um motivo tão óbvio que chega a doer a cabeça só de lembrar dele: essa gente está adorando toda essa festa que nós estamos bancando para ela. Eles nunca vão querer que essa festa maravilhosa acabe!

Quer uma democracia de verdade? Então estude, estude muito! Depois assuma esses cargos por meios legais e então mude as regras do jogo. Há muita gente bem intencionada, mas totalmente despreparada. Nestas eleições me pediram voto para um candidato a vereador que estava prometendo **construir** uma creche e um hospital. O panfleto do sujeito tinha tantos erros de português que mal dava para ler. E a pessoa que pediu o voto me disse: "esse é honesto!".

Fica difícil imaginar o país mudando com pessoas nesse nível querendo entrar para a política. Preconceito?! Você, por acaso, deixaria qualquer semianalfabeto operar o seu coração? Então por que acha que qualquer um pode criar leis ou administrar um município, estado ou até mesmo o país inteiro? Isso faz algum sentido? Que tipo de lei um analfabeto ou semianalfabeto poderia criar? Que tipo de procedimento cirúrgico ele poderia executar? Que ponte ou viaduto ele poderia construir? Você passaria por cima dessa ponte? Ah, não? Então você está me parecendo um preconceituoso...

Temo, inclusive, que muitos leiam este texto e sequer entendam o motivo de eu estar criticando a tal promessa do candidato a vereador. Por via das dúvidas, esclarecerei. Vereadores votam e propõem leis no âmbito municipal. Além disso, eles fiscalizam o trabalho do prefeito. Eles não podem construir nada e as pessoas, muitas vezes, nem mesmo sabem disso. E pessoas ignorantes acreditam em qualquer promessa que se faça, afinal onde está o conhecimento que traz liberdade?

Além disso, o comentário do amigo que pediu o voto ressaltando que "este é honesto" foi o fim da picada! Ser honesto não deve de modo algum ser um diferencial na vida de qualquer pessoa, mas principalmente de um candidato a cargo público. Perdemos completamente as referências de cidadania e vida em sociedade e só por isso agimos e falamos dessa forma.

Os políticos são mentirosos? São sim, todos sabemos. Mas o povo, de modo geral, também agrava os problemas quando não faz questão de se envolver com política e acaba se tornando muito ignorante. Nem sequer as pessoas se interessam em saber qual é o papel deste ou daquele cargo público. Elas defendem-se dizendo "eu não estudei isso" ou "ninguém me explicou" ou ainda, o pior de tudo, "acho política muito chato". Mas pergunte sobre os cinco últimos casamentos do ator ou do cantor que está na moda para ver se elas não sabem dizer até o RG e o CPF de cada esposa que o cara teve?

Sinto muito dizer, mas nós não estamos em uma democracia e temos parte da culpa nisso. Não recebemos nossos impostos de volta por causa da corrupção, mas somos responsáveis por colocar qualquer um lá para administrar aquele dinheiro. O nosso dinheiro! Queremos colher o que não plantamos no passado e também não estamos plantando hoje. Isso não vai funcionar... Precisamos mudar nossa própria mentalidade como povo para, a partir daí, construirmos em nós mesmos valores que nos permitam escolher com sabedoria e assertividade.

Precisamos assumir nossa posição de cidadãos, pensar menos em futilidades como *reality shows*, *hits* da moda, roupas caras de marcas importadas, fofocas nas redes sociais e outras banalidades do tipo. Não que isso deva ser "expurgado de nossas vidas". Não estou aqui como se fosse um fanático religioso dizendo a você que tudo isso "é pecado" ou que é "do diabo". Nem estou dizendo que sou algum tipo de ET que também não se interessa por coisas fúteis. O que estou dizendo é que tudo tem seu lugar e sua hora em nossas vidas. E até mesmo as futilidades são muito legais. Mas qual é a taxa de analfabetismo, de analfabetismo funcional, de pessoas que não terminaram o primeiro grau, o ensino médio ou a faculdade? Como está a qualidade do ensino de modo geral em nosso país comparado ao resto do mundo? Como estamos posicionados no mundo com relação à produção e à exportação de tecnologia? Meu Deus, nós ainda vendemos milho, soja, frango e carne, ou seja, o agronegócio ainda é nosso **único** grande negócio! Principalmente agora que a Petrobras foi praticamente sucateada.

Eu nem preciso apresentar números a você sobre as coisas que eu citei acima. Assista aos telejornais; eles mostram esses números todos os dias.

Você sabia que o mercado de tecnologia só para governos é um mercado de mais de US$ 400 bilhões e que o Brasil está fora desse mercado? Vamos falar melhor desse assunto em outro capítulo. Esse valor é maior que tudo que o nosso agronegócio consegue faturar em anos de produção! E sabe por que estamos fora? Simplesmente porque o BBB tem muito mais audiência numa semana do que o Telecurso Segundo Grau e os programas educativos ou sobre ciência e tecnologia do *Discovery Channel* terão juntos no Brasil em mil anos!

Nossa falta de atitude, como maioria pobre e de baixa instrução que somos, fortalece e alimenta essa ditadura disfarçada de democracia, em que, como já disse uma música, "o de cima sobe e o de baixo desce". E não adianta ficar esperando *o messias salvador* que irá subir à presidência e mudar tudo. Nós precisamos escolher essa mudança e lutar até o fim para melhorar a nossa sociedade. E isso tudo para que nossos filhos e netos, não nós, pois vivemos muito tempo apáticos, possam desfrutar de fato de um Brasil muito melhor.

E como lutaremos? Vamos fazer uma passeata na zona mais rica da cidade, queimar ônibus e pneus ou parar as principais rodovias do país? Vamos quebrar agências bancárias e depredar o patrimônio público cujo reparo sairá do nosso próprio bolso? O que você acha dessas ideias?

Parecem estúpidas quando pensamos sobre elas, não é? Deve ser porque são de fato todas muito estúpidas. É claro que nada disso vai ser efetivo para mudar alguma coisa. A presidência fará um pronunciamento, muitos aproveitarão a ocasião para se promover, a oposição ao governo dirá que isso tudo é um movimento genuíno do povo e que está do lado do povo... Enfim, você verá mais de toda essa encenação à qual já está acostumado, mas, no final, tudo continuará do mesmo jeito. E sabemos o motivo de nada disso funcionar. Não funciona porque o que precisa mudar de fato, que são a nossa mentalidade e atitude, não pode mudar com essas ações superficiais e desesperadas. Quebra-quebra e escândalos em público não substituirão jamais o que só uma pessoa centrada, conhecedora de seus deveres e obrigações e ativa na sociedade poderia fazer. E isso, meu caro amigo, só se pode conquistar com o meu, o seu, o nosso **investimento pessoal** em educação e na construção de novos valores.

Gostaria de deixar bem claro o que quero dizer quando falo de **investimento pessoal em educação**. Até porque ainda vamos falar muito sobre isso neste livro. Quando falo de investimento pessoal em educação, estou me referindo ao investimento de tempo e esforço que cada pessoa, eu e você, precisamos fazer para aumentar nosso próprio conhecimento e ampliar nossa própria visão da vida e do mundo que nos cerca. Não estou me referindo a quanto o governo reservou no orçamento anual para a área da educação, por exemplo. Ainda que o governo gastasse trilhões com educação, isso não seria efetivo se não houvesse interesse da população. E para piorar, nós sabemos que o governo não pretende gastar tanto assim. Logo, a nossa consciência e a nossa força de vontade precisam ser superiores à inércia de nossos governantes. Essa conta só fecha se for dessa forma.

Lembra-se das grandes conquistas que citei no início? A "Lei Áurea", a "Independência" e a "Proclamação da República"? Pois é... Elas só serão realmente efetivas em nossas vidas no dia em que aprendermos o que de fato são liberdade, independência e democracia. O que na minha humilde opinião está muito longe de ser alcançado. E digo isso pela simples observação dos fatos que constatamos diariamente pelo rádio, pela televisão e até pessoalmente – nas ruas, nos contracheques e nas nossas vidas cotidianas.

Essas coisas são simplesmente algumas das mais valiosas que existem e, por isso mesmo, não se alcançam facilmente, mas sim com muito esforço. Justiça social é uma das maiores coisas que se pode construir, muito maior do que prédios imensos ou complexos industriais bilionários. Coisas assim tão preciosas só se podem alcançar quando investimos em um pensamento mais aberto, abrangente e dotado de ferramentas (conhecimento) para transformar o impossível em realidade. Não existe ninguém, nenhum tipo de *salvador político super-*

-*honesto*, que possa fazer isso por nós. Somos nós que temos que aprender a fazer isso juntos.

Vamos começar agora? Invista mais em sua própria educação. Mas, com o mesmo esforço, incentive a todos que conhece. Você vive em uma sociedade e, se seu vizinho não evoluir, ele será um incômodo constante para você. Você tentará elevar o nível de vida no seu bairro, mas eles, os ignorantes, serão a maioria e logo farão você desistir. Uma revolução pode até começar com um pequeno grupo, mas só acontece com a participação de todos.

Legalize já!
Ou não?

Lembra-se do que aconteceu em 2010? Foi um ano para ser lembrado no Brasil, principalmente no Rio de Janeiro, e que entrou para a história. Na época estavam todos preocupados com a Copa do Mundo, que seria em 2014, e com as Olimpíadas, que seria em 2016.

Por conta desses acontecimentos importantes, o governo do estado e a prefeitura do Rio de Janeiro começaram a se incomodar, já em 2007, também por causa da visita do papa, que aconteceu naquele ano, com um problema bem antigo, mas que até então parecia não estar causando "tanto incômodo assim": era a questão do tráfico e comércio de drogas.

E como medida em resposta a esse problema, foi criado um programa de combate ao tráfico e à violência, que, logo depois, deu origem às chamadas UPPs – as Unidades de Polícia Pacificadoras. Coincidência ou não, a primeira UPP foi inaugurada em dezembro de 2008, no Morro Santa Marta em Botafogo, meses depois de o Brasil ter sido anunciado como futura sede da Copa do Mundo de 2014.

Mas voltando a 2010, o que foi mesmo que marcou tanto aquele ano? Bem, 2010 foi o **ano seguinte** ao anúncio de que o Rio de Janeiro foi escolhido para sediar as Olimpíadas. E também foi o ano da **tomada do complexo de favelas do Alemão**. Outra grande coincidência.

Esse evento foi o clímax desse conjunto de ações de combate ao tráfico de drogas e repercutiu no mundo todo. Talvez esse acontecimento soasse como uma mensagem do governo carioca ao mundo de que o Rio de Janeiro, enfim, se tornara seguro e confiável para ser palco de grandes eventos como os que estavam por vir. Pelo menos parecia ser essa a intenção.

O acontecimento foi tão importante e, ao mesmo tempo, tão político e simbólico que as forças de ocupação chegaram a hastear uma bandeira do Brasil no ponto mais alto do morro. Como se aquela região já não fizesse parte do território nacional ou, pelo menos, do território controlado pelo **poder constituído**, restando, assim, ao **poder paralelo** o seu controle e ocupação. Esse fato foi amplamente noticiado em 28/11/2010, por exemplo, nesta matéria no *site* IG Último Segundo[6]:

FONTE: *Site* IG Último Segundo

6 Disponível em: http://ultimosegundo.ig.com.br/brasil/rj/policia-hasteia-bandeira-do--brasil-no-alto-do-complexo/n1237841603203.html.

As forças de segurança do estado, com auxílio das tropas federais e até da Marinha e do Exército[7], foram mobilizadas para, enfim, invadir o Complexo do Alemão e apreender bandidos, armas e drogas. Esse era, e ainda é, o maior complexo de favelas do Rio de Janeiro e o mais difícil de ser tomado, por isso o evento foi tão importante. A tarefa de tomar e ocupar a região era considerada tão difícil que o *site* do *G1* chegou a noticiar: "Para Exército, ocupar Alemão é mais difícil que guerra e missão no Haiti"[8].

O acontecimento foi bem visto e comemorado por toda a população. Os integrantes das forças que agiam em conjunto eram vistos como heróis, apesar de, dentro das comunidades, as opiniões divergirem bastante entre parentes e amigos de pessoas envolvidas com o tráfico de um lado e pessoas que simplesmente se sentiam vítimas de toda a violência causada por esse mesmo tráfico pelo outro lado. As opiniões também divergiam um pouco entre os defensores dos direitos humanos, que sempre veem o marginalizado como vítima da sociedade, e as vítimas da violência e das drogas, que perderam parentes e amigos.

Na zona sul do Rio de Janeiro, eram comuns as passeatas com pessoas vestidas de branco pedindo paz. O que elas queriam de verdade ninguém nunca entendeu, ou melhor colocando, como é que elas achavam que esse ato poderia contribuir efetivamente para a paz. Mas, ainda assim, toda manifestação em prol do bem comum era e ainda é muito bem-vinda.

Muitos comemoravam dizendo que seria o fim do tráfico

---

7 Conforme noticiado pela Agência Brasil, em 28/11/2010, no endereço: http://memoria.ebc.com.br/agenciabrasil/noticia/2010-11-28/forcas-de-seguranca-iniciam-tomada-do-complexo-do-alemao.
8 Conforme publicado, em 15/8/2012, no endereço: http://g1.globo.com/brasil/noticia/2012/08/para-exercito-ocupar-alemao-e-mais-dificil-que-guerra-e-missao-no-haiti.html .

e da violência no estado; outros permaneciam céticos e diziam
que isso tudo de nada adiantaria; outros ainda torciam para
que as forças policiais *matassem todos os bandidos lá mesmo*. E
ainda havia, inclusive, quem criticasse os jornalistas, pois, segundo esses, com as filmagens, os soldados e policiais ficariam
"acanhados" ou "receosos" de assassinar os bandidos que muitos queriam tanto ver morrer. Confesso que fiquei até tentado
com a ideia... Mas vou vestir aqui a *carapuça* do politicamente
correto e dizer que resisti a esse pensamento absurdo, como
um perfeito cidadão de bem, que é a favor da vida em qualquer
circunstância, e também como todos os meus irmãos de pátria.

Mas, apesar das divergências de opiniões e da carapuça de
politicamente correto que, às vezes, todos vestimos, o povo, de
modo geral, gostava tanto da ideia de assistir ao extermínio da
bandidagem que esse assunto rendeu até um filme anos antes,
em 2007. E esse filme foi um sucesso nacional, mesmo tendo
sido *vazado* pela pirataria antes da estreia. Ele fez um sucesso
tão grande que se transformou em ícone do cinema nacional e
um divisor de águas. Seu personagem principal se tornou em
um herói fictício e um símbolo de justiça para o povo. Preciso
dizer o nome do filme?

Isso demonstra, se é que precisamos de demonstrações
ou provas, o quanto nosso povo tem sede de justiça e o quanto espera viver numa realidade diferente da que temos. Com
mais liberdade e muito, mas muito menos violência. Parado-
xalmente, e por incrível que pareça, esse mesmo povo, o nosso
povo, o mesmo que adorou o filme "Tropa de Elite" em 2007,
o mesmo que comemorou cada tomada de cada favela e em
especial a tomada do Complexo do Alemão em 2010, o mesmo
que torceu por muitos anos para que chegasse o fim do tráfico

e da violência, o mesmo que fez passeatas de branco na zona sul... esse mesmo povo... bem... ele continua consumindo as mesmas drogas que causam toda essa violência e, assim, financiando o tráfico, que nunca prosperou menos, nem mesmo em momentos de crise financeira, que, aliás, já foram muitos.

É claro que a solução para o problema não é tão simples. É claro que há muito envolvido e questões sociais importantes como falha no sistema educacional, falta de oportunidades e pobreza, entre muitos outros, são fundamentais para uma discussão mais ampla e para que se possa propor qualquer tipo de "solução definitiva". Mas, por favor, me conceda aqui o direito de ser simplista e até mesmo intransigente ao perguntar: **se ninguém usasse drogas**, será que o problema existiria?

E por favor, só mais esta vez e eu prometo que não abusarei ainda mais do meu direito de ser simplista e chato: por acaso alguém não sabe que essas substâncias causam **dependência**, que são **proibidas** e que fazem muito **mal à saúde** de quem consome?

Perguntas retóricas, claro. Todos nós sabemos as respostas. Ainda assim, precisamos aderir às explicações complexas de profissionais das áreas de Humanas e, ainda, dos defensores dos direitos humanos (nunca nos esqueçamos deles), que vão poder explicar muito melhor do que eu que nada é assim tão simples, mesmo que possa parecer, e que esse problema é praticamente insolúvel por razões que um leigo ignorante como eu jamais poderia entender.

Por saber que a minha leiga imaginação não compreende as nossas questões sociais a fundo e, por isso, jamais poderia tratar do assunto como convém, ou seja, como um profissional da área de Humanas, e por ter essa consciência plena, mas também por entender que tenho a liberdade de expressão a meu favor, que ainda me permite manifestar opiniões, por esses motivos é que vou apenas **propor um cenário hipotético para nossa reflexão**.

Pense em um lugar fictício onde as pessoas simplesmente resolvessem pôr em prática o que elas sabem sobre as drogas, ou seja, que elas são proibidas e que fazem muito mal. Isso até minha avó, que é analfabeta, e minha mãe, que só estudou até a quinta série, sabem muito bem. Logo, não é um conhecimento que exige anos de estudo para ser assimilado. Mas, mesmo sendo algo simples de entender, ouvimos pessoas com muito conhecimento e com alto nível de instrução defenderem o uso dessas substâncias.

Quero aproveitar para esclarecer que minha mãe e minha avó são **orgulhos e referências para a minha vida**. Mesmo sem ter tido a oportunidade de estudar, algo com que as duas sonharam, são mulheres muito sábias e que me deram o meu bem mais precioso: educação familiar. A vida toda tive o objetivo de me equiparar a elas em sabedoria, paciência, amor e entendimento sobre as coisas da vida. Fica aqui então minha gratidão e homenagem a elas.

Mas, voltando ao nosso cenário hipotético, o que será que aconteceria com o tráfico de drogas nesse país imaginário onde as pessoas, por **consciência**, resolvessem não consumir mais drogas? Será que o tráfico prosperaria? Será que os traficantes passariam a invadir as casas para obrigar as pessoas a usarem drogas e, então, ficarem viciadas?

Você deve concordar comigo que isso seria muito difícil e que os traficantes provavelmente abandonariam a atividade, que, nesse contexto, deixaria de ser lucrativa. E isso tudo seria obtido sem a necessidade de se disparar um único tiro, subir um único morro ou arrombar uma única porta.

Seria incrível, não acha? Que pena que esse é só um cenário utópico, hipotético, simplista demais, que não considera a essência complexa do ser e que diminui esse imenso problema social como se fosse uma mera equação de primeiro grau. Quem nos dera que somente parar de consumir drogas fizesse desaparecer os problemas do tráfico e da violência por ela causada na vida de todos nós, não é?

E é por esse e por outros motivos que, apesar das passeatas de branco dos ativistas que pedem paz, muitos ricos e esclarecidos, moradores de bairros nobres, e apesar da admiração uníssona desse povo por heróis como os retratados no filme "Tropa de Elite", mesmo assim, apesar de tudo isso... o problema continua a nos assolar dia e noite. E mais, ele não tem previsão de acabar.

É por isso que, mesmo que **matássemos**, como muitos de nós querem até hoje, todos os traficantes do Brasil, ainda assim outros assumiriam o lugar deles, pois, enquanto houver alguém disposto a pagar, é claro que haverá alguém disposto a vender. Então, para que vivermos nessa grande hipocrisia em que, por um lado, o comércio de drogas vai muito bem e movimenta bilhões e, por outro, **parece** que todos nós realmente queremos o fim do tráfico de drogas? Será que nós, como sociedade, realmente queremos que isso acabe? Por acaso há alguém que não saiba onde estão os traficantes? Existe alguém que não saiba apontar onde se pode comprar um baseado ou qualquer outro tipo de droga?

Nós não vivemos naqueles cenários de filmes americanos em que, para se encontrar o chefe de uma organização criminosa, os agentes da CIA ou do FBI trabalham incansavelmente por anos. Aqui não é assim... Todo mundo conhece o dono do morro, até porque ele posta fotos com cordões e pulseiras de ouro nas redes sociais. E esses penduricalhos de luxo são tão pesados que, se eles não morressem logo em decorrência do "perigo da atividade profissional", acabariam tendo problemas sérios de coluna que os levariam à aposentadoria por invalidez. E não duvidem disso!

Os eventos que culminaram na tomada do Complexo do Alemão em 2010 mostraram muito bem a todos nós que, havendo **vontade** para resolver o problema, mesmo que pela força, não nos faltam os recursos. Você não acha estranho que "ninguém consiga resolver isso definitivamente"?

O tráfico não acabou com aquele acontecimento. Nem mesmo a *bandidagem* foi exterminada como muitos de nós queriam. Qualquer morador do estado do Rio de Janeiro sabe muito bem qual foi o desfecho dessa história. O tráfico foi **momentaneamente** deslocado da capital do estado para as periferias, em especial para a Baixada Fluminense. Ou seja, para a porta dos mais pobres. Enquanto isso, os grandes eventos como a Copa e as Olimpíadas podiam acontecer na capital do Rio de Janeiro sem maiores inconvenientes e sem repercussão negativa no cenário internacional. Isso, é claro, espantaria os turistas e seus dólares, que fizeram muito bem ao bolso de quem interessava para nossas elites governantes, ou seja, para elas mesmas.

Teoria da conspiração? Acho que não. Não foi à toa que, apesar de ter sido implantada pela Secretaria de **Estado** de Segurança do Rio de Janeiro[9], de todas as **38 UPPs instaladas**, entre 2008 e 2014, **apenas uma** estava localizada na Baixada

---

9 Conforme consta no site oficial das UPPs: http://www.upprj.com/index.php/o_que_e_upp.

Fluminense. Esta era a UPP do Complexo da Mangueirinha, inaugurada em 2014 – justamente a última! Será que o motivo de não terem sido criadas outras UPPs na Baixada Fluminense é que só havia tráfico de drogas e violência na capital do estado? Ou será que foi porque só interessava cuidar do problema naquele momento e naquela região?

Se você duvida das informações ou acha que são exageradas, consulte as referências que estão sendo apontadas ao longo do texto e nas notas de rodapé. Consulte também o *site* oficial das UPPs, no endereço www.upprj.com, em especial a página "As UPPs b Histórico", disponível no menu principal do *site*. É lá que estão registrados os locais e datas de inauguração de cada uma das 38 UPPs que foram criadas.

E segue aqui também, caso você esteja com preguiça de consultar, a lista de UPPs instaladas que consta nessa página do *site*. Preservei a ordem de exibição e a forma de apresentação conforme consta no próprio *site*:

ZONA SUL

Santa Marta – Instalação: 19/12/2008

Babilônia e Chapéu Mangueira – Instalação: 10/6/2009

Pavão-Pavãozinho e Cantagalo – Instalação: 23/12/2009

Tabajaras e Cabritos – Instalação: 14/1/2010

Escondidinho e Prazeres – Instalação: 25/2/2011

Rocinha – Instalação: 20/9/2012

Vidigal – Instalação: 18/1/2012

Cerro-Corá – Instalação: 3/6/2013

ZONA NORTE

Borel – Instalação: 7/6/2010

Formiga – Instalação: 1º/7/2010

Andaraí – Instalação: 28/7/2010

Salgueiro – Instalação: 17/9/2010

Turano – Instalação: 30/10/2010

São João, Matriz e Quieto – Instalação: 31/1/2011

Macacos – Instalação: 30/11/2011

Mangueira – Instalação: 3/11/2011

Nova Brasília – Instalação: 18/4/2012

Fazendinha – Instalação: 18/4/2012

Adeus e Baiana – Instalação: 11/5/2012

Alemão – Instalação: 30/5/2012

Chatuba – Instalação: 27/6/2012

Fé e Sereno – Instalação: 27/6/2012

Parque Proletário – Instalação: 28/8/2012

Vila Cruzeiro – Instalação: 28/8/2012

Jacarezinho – Instalação: 16/1/2013

Manguinhos – Instalação: 16/1/2013

Barreira do Vasco e Tuiuti – Instalação: 12/4/2013

Caju – Instalação: 12/4/2013

Arará e Mandela – Instalação: 6/9/2013

Lins – Instalação: 2/12/2013

Camarista Méier – Instalação: 2/12/2013

ZONA OESTE

Cidade de Deus – Instalação: 16/2/2009

Batan – Instalação: 18/2/2009

Vila Kennedy – Instalação: 23/5/2014

CENTRO

Providência – Instalação: 26/4/2010

Coroa, Fallet e Fogueteiro – Instalação: 25/2/2011

São Carlos – Instalação: 17/5/2011

BAIXADA FLUMINENSE

Complexo da Mangueirinha – Instalação: 7/2/2014

Por fim, os eventos – a Copa e as Olimpíadas – transcorreram conforme programado e foram um sucesso completo! Coincidentemente (ou não), depois disso, as UPPs foram aos poucos sendo abandonadas e o tráfico foi voltando a operar na capital do estado como antes. Esse fato pode ser constatado nos noticiários que, em meio às multidões de denúncias sobre corrupção, vez ou outra encontram espaço para tocar nesse assunto[10].

---

10 Algumas notícias sobre o assunto:
– *O Dia*, 24/09/2016, ""Comunidades pacificadas têm troca de tiros no Rio" ". Disponível em:
http://odia.ig.com.br/rio-de-janeiro/2016-09-24/comunidades-pacificadas-tem-troca-de-tiros-no-rio.html;
– *G1*, 10/10/2016, ""Tiroteio deixa 3 mortos e comandante da UPP Pavão-Pavãozinho é ferido" ". Disponível em:
http://g1.globo.com/rio-de-janeiro/noticia/2016/10/tiroteio-no-pavao-pavaozinho-faz-comercio-fechar-em-ipanema.html;
– *Veja*, 09/01/2016, ""Tráfico expulsa UPP de dois morros na Zona Norte do Rio" ". Disponível em:
http://veja.abril.com.br/brasil/trafico-expulsa-upp-de-dois-morros-na-zona-norte-do-rio.

A BBC Brasil publicou, em 22/10/2016, uma matéria[11] intitulada "4 visões sobre a crise e o futuro das UPPs no Rio", que fala desse assunto. Na matéria é citado que "... das 38 unidades há dez em estado crítico". Questões como falta de preparo dos policiais, corrupção, falta de investimentos e até a crise financeira são apontadas como possíveis causas para o estado alarmante das UPPs. Mas, de certo, sabemos apenas que como estão não vão suportar por muito tempo.

Mas o retorno gradual do tráfico às comunidades localizadas na cidade do Rio de Janeiro tem ocorrido, deixando uma pequena diferença no cenário **estadual**: as áreas da Baixada Fluminense que passaram a ser dominadas pelo tráfico naquele período de transição até hoje permanecem assim. Então vamos raciocinar por um segundo e fazer as contas. Já que a quantidade de áreas dominadas pelo tráfico em nível estadual aumentou, será que as vendas e o faturamento do comércio ilegal de drogas aumentaram ou diminuíram?

Pense comigo, por que será que as UPPs foram, digamos assim, deixadas à própria sorte, dando ao tráfico a oportunidade de retornar? O que aconteceu com todo aquele efetivo disponibilizado para expulsar os traficantes quando isso foi conveniente e necessário?

Vou propor algumas respostas; marque a melhor opção:

a) Aquele efetivo policial e militar que subiu e dominou as favelas simplesmente não existe mais. Foram todos dispensados do serviço policial ou militar do qual faziam parte;

b) Aquele pessoal ainda existe, mas ficou desmotivado, triste... e simplesmente não quer mais ir até lá para prender os traficantes e restaurar a ordem;

---

11 Disponível pelo endereço em: http://www.bbc.com/portuguese/brasil-37722864.

c) Os moradores das comunidades ficaram com tanta saudade do pessoal do tráfico que imploraram ao prefeito do Rio de Janeiro e ao governador do estado para que deixassem eles voltarem;

d) Com a crise financeira, não existe mais dinheiro para manter os policiais trabalhando nas UPPs e, por isso, os traficantes voltaram;

e) Os policiais são despreparados, não sabem tratar a comunidade… E é por isso que os moradores preferem os traficantes andando pelas ruas em vez dos policiais;

f) Essa história está muito mal contada…

E, então, o que você acha? A maioria das respostas lhe parece absurda? Mas talvez você não tenha achado a letra "d" tão absurda assim. Afinal, faz sentido as coisas não estarem bem já que não se tem dinheiro, não é? Sim, faz sentido. Mas você já parou para se perguntar para onde foi o dinheiro (lucro) da Copa do Mundo e das Olimpíadas? Afinal, era para isso que tanto se disputava o privilégio de poder sediar os eventos, ou seja, o lucro que eles dariam. Então, se os eventos aconteceram e tudo funcionou conforme o esperado, para onde foi todo aquele dinheiro que não se tem nem para manter as UPPs?

Em primeiro lugar, as UPPs não são, digamos assim, nenhuma instalação tal como um hotel cinco estrelas. A maioria são *containers*. Isso mesmo, aquela caixa de metal utilizada para transportar mercadorias em grande quantidade. Quanto você acha que elas precisam para continuar operando? Basicamente, paga-se o salário do policial e os itens que ele já usaria no seu dia a dia. E nem para isso sobrou dinheiro?

Além disso, os policiais que trabalham nessas instalações maravilhosas são os mesmos que fazem policiamento ostensivo e que atendem a um chamado quando você liga para o número da polícia. Em outras palavras, não há nenhum tipo de agente especial com treinamento diferenciado cuja formação tenha custado muito mais caro que a de um policial comum. Tampouco houve um aumento significativo de policiais contratados para compor o quadro das UPPs. Nada que justificasse dizer que o programa trouxe aumento enorme e inédito ao custo com segurança no estado para que, agora, não fosse mais possível sustentá-lo.

Como se isso já não bastasse, o lucro com esses eventos foi da ordem de bilhões! Não estamos falando da festinha do jardim de infância da filha do vizinho, estamos falando da Copa do Mundo e das Olimpíadas. Você comprou algum ingresso? Houve algum que você desejou comprar, mas não teve dinheiro? Você foi ao evento de abertura das Olimpíadas? Ah não, por quê? Estava "muito ocupado" ou "desanimado"?

Só para dar um exemplo, o *Estadão* noticiou, em 19/3/2015[12], que o lucro da Fifa com a Copa do Mundo no Brasil foi de apenas **16 bilhões** de reais! O maior da história, segundo a matéria. E você acha que o governo também não lucrou nada? E não sobrou nem uma migalha para as UPPs? Tem algo muito errado aí. Mas eu conheço gente que acredita no que diz o nosso governo... Quando falam, me dá até vontade de fazer uma doação. Ainda bem que a vontade passa. E passo logo!

Para começar a fechar este assunto, que, sozinho, já daria um livro à parte, gostaria de pedir a você que pensasse sobre esse problema do tráfico e do comércio de drogas com mais

---

12 Matéria publicada pelo Estadão em: http://esportes.estadao.com.br/noticias/futebol,fifa-fatura-r-16-bilhoes-com-a-disputa-da-copa-do-mundo-no-brasil,1653669.

carinho e atenção. Fiz muitos apontamentos e apresentei vários fatos. O assunto foi criticado sob vários pontos de vista, embora não de todos os ângulos possíveis, pois seriam muitos.

Note que eu nem mesmo quis abordar a questão da legalização. Insinuei o assunto no tema deste capítulo só para chamar a sua atenção – e ajudar a vender o livro, é claro! Mas, falando sério, não abordei o tema, pois, a meu ver, além de ser imensamente polêmico e tendencioso (quem usa **geralmente** é a favor e quem não usa **geralmente** é contra), no nosso cenário de *facto* o tráfico e o comércio são ilegais. Isso não se discute. E nós, como cidadãos, precisamos entender que devemos seguir as leis que nós mesmos criamos. Senão, para que elas servem? E para concluir esse argumento, se hoje não temos consciência suficiente nem mesmo para respeitar a *Lei Seca*, que restringe o uso de álcool quando se está ao volante, imagine se teremos condições de seguir regras para a regularização do uso de drogas. Afinal, ainda que um dia seja liberada, precisaremos de regras para o consumo. Não vai ser possível qualquer um usar no lugar e hora que bem entender, não é verdade?

Disso, podemos concluir que ainda precisaríamos amadurecer muito como sociedade antes de pensar num cenário de consumo regulamentado dessas substâncias, sem as quais, diga-se de passagem, você estará muito melhor.

Faltou também abordar as questões relacionadas à dependência química e suas evidentes complicações em todas as áreas da vida do usuário de drogas. Sabemos muito bem o quanto essas substâncias "maravilhosas" estimulam e tornam o sujeito mais produtivo, ao mesmo tempo em que ele se torna mais voltado à família, aos amigos, ao trabalho... Claro que é pura ironia! Todas as áreas da vida do usuário ficam cada dia mais prejudicadas. As pessoas ficam internadas por meses e fazem tratamentos por anos para se verem livres do vício causado por essas substâncias. Elas perdem emprego, carreira, família, bens... enfim, tudo! E ainda há quem defenda... Mas esse é outro assunto muito extenso para se abordar aqui e, como dito na introdução do livro, o objetivo não é esgotar nenhum desses assuntos em particular, mas estimular você a refletir sobre todos eles.

Além do mais, todo mundo conhece muito bem o quanto as drogas causam dependência. Ou pelo menos deveria saber, não é verdade? E também há quem acredite que "não, as drogas não fazem tão mal assim" ou ainda há quem diga "eu uso há cinco anos e nunca me viciei" e, também, "eu paro a hora que eu quiser". Enfim, por aí se ouve de tudo.

Para ilustrar, vou contar o que aconteceu comigo certa vez. Eu estava numa praça com o grupo de uma igreja da qual fazia parte na época. Estávamos ali conversando com as pessoas e oferecendo alguma atenção aos que precisavam. Então vi um grupo de adolescentes que estavam consumindo drogas livremente. Puxei assunto com eles e eles me disseram "é só uma planta, não pode me prejudicar". Tentei explicar a eles que das plantas fazemos tanto remédios quanto venenos. Falei que a diferença entre um remédio e um veneno pode ser apenas a dosagem. E disse também que algumas plantas, por serem tóxicas, podem até matar uma pessoa. Alguns acreditaram, outros acharam essas coisas que eu disse absurdas demais e um deles disse algo estranho como "poxa, tio, você não saca a parada". Até hoje tenho curiosidade de saber o que aquele menino quis dizer...

Citei esse caso para falar novamente, mas de modo um pouco diferente, algo que já disse aqui: às vezes, ouço pessoas com muita instrução e educação falarem como se fossem aqueles meninos. E é isso o que mais me preocupa! Algumas pessoas parecem achar que podem simplesmente ignorar o problema e ele deixará de existir. É por isso que estou aqui dizendo o óbvio, e me repetindo, como disse para aqueles meninos naquele dia, porque, apesar de ser óbvio, precisa ser dito! E, além disso, por mais incrível que possa parecer, na verdade não é assim tão óbvio para todos.

Mas quero finalizar chamando atenção para um ponto em especial: o da nossa responsabilidade, nós todos enquanto sociedade, com esse grande problema. Somos os principais responsáveis por tudo isso, se considerarmos desde o voto que escolhe nossos governantes, inertes ao problema, até a compra e o próprio consumo. Vamos esquecer as explicações rebuscadas dos profissionais das Ciências Sociais e considerar que, na prática, somos nós que financiamos toda a violência da qual tanto reclamamos.

Quem está ganhando dinheiro com isso não está nem um pouco preocupado com as mães que choram nas comunidades. Eles não se importam! E não seja ingênuo de pensar que um semianalfabeto, nascido e criado numa favela qualquer, frequentador de *baile funk*, que nunca sequer saiu para muito longe da favela onde nasceu, logo esse cara superlimitado, é o responsável por coordenar, gerenciar e manter uma quadrilha internacional responsável por comprar e distribuir drogas proibidas para todo nosso território nacional. Essa ideia é tão ridícula quanto hilária. Logo, é óbvio que pessoas muito mais bem preparadas, com educação, bem relacionadas e até com cargos públicos estão à frente de tudo isso hoje em dia e faturando somas inimagináveis.

Vamos então desviar um pouco o olhar que está sempre voltado aos morros e favelas para buscar tanto razão quanto explicação em outro lugar, um lugar para onde ninguém quer olhar. E esse lugar é dentro de cada um de nós, cidadãos brasileiros, pagadores de impostos altíssimos, trabalhadores, guerreiros... mas vítimas da violência que criamos e mantemos.

O cidadão é o único responsável? É claro que não. Mas é o único com quem pretendo argumentar. Sabe por quê? Ele é o único que tem algum interesse na mudança desse quadro. Não são os homens de colarinho branco, nem os chefes dos morros, nem os *soldados* e nem os *olheiros* que vão se preocupar com isso ou que vão desejar que alguma coisa mude. Também não são os políticos que vão trabalhar incansavelmente para construir uma cidade mais segura para você. Eles geralmente residem nas regiões mais ricas das cidades e estão muito bem, obrigado por perguntar! Logo, meu amigo, sobrou para mim e para você! Abrace a missão ou amargue com a consequência!

O petróleo é nosso!!!

Não faz muito tempo o Brasil inteiro estava comemorando uma grande conquista. Foi em 2006, quando a Petrobras anunciou que o país havia alcançado a autossuficiência na produção de Petróleo. Isso significou que, naquele ano, a produção de Petróleo equiparou-se ao volume de derivados consumidos.

Lembro com quanto orgulho o governo anunciou essa notícia na época. A todo momento passava algo na televisão sobre o assunto. Em todas as mídias e nos noticiários, não se falava em outra coisa.

E, de fato, foi um evento memorável! Enquanto muitos países produziam, e produzem até hoje, muito pouco ou nenhum petróleo, o que os obriga a comprarem de outros países a um custo bem maior do que se produzissem eles mesmos, nós tínhamos petróleo para dar e vender! Parecia que estávamos ricos e que todos os nossos problemas acabariam a partir daquele momento.

O presidente da república, que na época era o senhor Luiz Inácio Lula da Silva, fez discursos acalorados em rede nacional e comemorou a "conquista de seu governo". Citei entre aspas, pois não estou certo se foi mesmo uma conquista daquele governo ou se foi mera coincidência aquele governo estar no lugar e hora certos para participar daquela realização.

De qualquer forma, o governo reclamou para si os louros da vitória e comemorou como ninguém. O então presidente Lula chegou a afirmar que o Brasil passara a ser "dono de seu nariz", como foi noticiado pela *Folha de S. Paulo*, em 24/4/2006[13].

FONTE: *Folha de S. Paulo* – 24/4/2006.

A matéria cita ainda que o então presidente Lula fez projeções maravilhosas para o futuro próximo, tais como alcançar autossuficiência também no refino do petróleo e, com isso, obter ainda mais estabilidade econômica para o país. Embora, infelizmente, não pudesse prometer qualquer redução no preço da gasolina no mercado interno. São essas coisas que, particularmente, eu não entendo no Brasil...

Na época se falava tanto na prosperidade do país que comemorávamos também outra grande vitória: era o pagamento

---

13 Disponível em: http://www1.folha.uol.com.br/folha/dinheiro/ult91u107085.shtml.

adiantado de dívidas ao FMI (Fundo Monetário Internacional). Esse já é outro assunto, mas serve para reforçar o quanto o Brasil gozava, na época, de ventos tão favoráveis que *nunca antes na história desse país* tinham sido observados. A frase destacada era um jargão muito utilizado por certo companheiro de lutas!

Mas, voltando ao petróleo, foi já no ano seguinte, em 2007, que o Brasil descobriu enfim que estava ainda muito mais rico do que poderia imaginar. Era a descoberta e o anúncio da *camada pré-sal*, reservas tão imensas, de cerca de 800 km entre o Espírito Santo e Santa Catarina, que chegaram a ser estimadas em 50 bilhões de barris de petróleo! Uma quantidade realmente incrível!

Esse assunto está bem resumido em um pequeno artigo divulgado no *site* do Globo Ciência, em 19/5/2012[14], como mostra a figura a seguir:

FONTE: *Site* Globo Ciência – 19/5/2012.

Mais uma vez o assunto foi amplamente divulgado e comemorado pelo governo com todos os fogos de artifício que a situação exigia. A mídia em geral não falava de outro assunto e

14 Disponível em: http://redeglobo.globo.com/globociencia/noticia/2012/05/descoberto-em-2007-pre-sal-guarda-50-bilhoes-de-barris-de-petroleo.html.

nós, pobres brasileiros, tínhamos a sensação de que iríamos experimentar uma vida muito mais confortável e farta a partir do momento que toda essa riqueza começasse a chegar ao bolso de todos nós. Era o que nos prometiam! E muitos acreditaram...

Já imaginávamos como seriam as novas escolas, creches, hospitais e muitas outras coisas que poderiam ser construídas com todo aquele *dinheiro negro* maravilhoso que ficara escondido por tanto tempo bem ali, debaixo dos nossos olhos! Era só perfurar a camada pós-sal, depois a de sal e bingo! Chegamos ao pré-sal de riquezas infinitas!

A festa e a certeza da prosperidade foram tantas que, não muito tempo depois, se iniciou uma verdadeira guerra entre estados produtores e não produtores de petróleo para se decidir com quanto desse dinheiro cada um ficaria. E essa disputa rendeu por alguns anos muitas passeatas e discursos acalorados pelas ruas, câmara dos deputados e senado federal. Todos discutiam veementemente e brigavam para garantir para seu estado representado a melhor fatia desse bolo de chocolate derretido, tal qual nunca se havia visto *na história deste país*!

Contudo, de algum modo surpreendente, mesmo diante dessa atmosfera de otimismo e de bons ventos, mesmo diante de tantas descobertas e previsões maravilhosas, apesar da autossuficiência em produção de petróleo, apesar do pagamento **adiantado** ao FMI, apesar do pré-sal, apesar da briga dos estados produtores e não produtores para dividir tanto dinheiro... mesmo com tudo isso, e ninguém sabe como, mas... simplesmente nenhuma das previsões otimistas da época foi capaz de se concretizar e o que se seguiu todos já sabemos hoje, em 2016.

Mesmo assim, vamos recapitular qual foi o desfecho dessa linda história...

Para começar, por mais que tentasse, a Petrobras jamais conseguiria alcançar novamente a autossuficiência na produção de petróleo. Mostrando a todos nós o que muitos já desconfiavam, ou seja, que a coisa estava mais para *mera sorte* do que para *o resultado de um trabalho bem calculado e executado*, como o governo se esforçava para provar com muitos discursos emocionados. Vários anúncios de previsões afirmando que isso, a autossuficiência, voltaria a acontecer foram feitos ao longo dos anos. Mas, é claro, todos sabemos que isso nunca aconteceu de verdade.

Como exemplo, vou citar dois desses anúncios noticiados há não muito tempo pelo *site* G1[15] e pelo *site* O Globo[16], em 18/4/2013 e 26/2/2014[17], respectivamente. Veja a seguir:

FONTE: *Site* G1 – 18/4/2013.

---

15 Disponível em: http://g1.globo.com/economia/negocios/noticia/2013/04/pais-deve-recuperar-autossuficiencia-em-petroleo-em-2014-diz-petrobras.html.
16 Disponível em: http://oglobo.globo.com/economia/brasil-voltara-ser-autossuficiente-em-petroleo-em-2015-segundo-petrobras-11719226.
17 Disponível: http://g1.globo.com/economia/negocios/noticia/2013/04/pais-deve-recuperar-autossuficiencia-em-petroleo-em-2014-diz-petrobras.html.

Brasil voltará a ser autossuficiente em petróleo em 2015, segundo a Petrobras

Já em derivados o consumo só será igual à produção em 2020

FONTE: *Site* do jornal *O Globo* – 26/2/2014.

Coincidência ou não, mas ainda assim contribuindo com esta tese de que as coisas não foram assim tão bem planejadas, lembro-me agora dos eventos que envolveram a Plataforma P-50. Foram fatos que atrapalharam ainda mais nossos sonhos de prosperidade com o petróleo. A P-50 foi aquela plataforma inaugurada pessoalmente pelo então presidente Lula. Num ato simbólico, o ex-presidente sujou as mãos no óleo e fez marcas no seu macacão laranja. Você se lembra? Fotos tiradas nessa ocasião percorreram o mundo, e o governo usou aquele momento memorável para, mais uma vez, demonstrar o quanto seu trabalho estaria nos levando a tempos de riqueza e realizações.

A P-50 tornou-se um símbolo e um ícone da Petrobras. Segundo as previsões, ela representaria 11% da produção de petróleo em todo o país! Isso não é pouco. Você pode conferir essas informações no *site* da Agência Brasil, em publicação de 21/4/2006[18]. Veja a seguir:

---

18 Disponível em: http://memoria.ebc.com.br/agenciabrasil/noticia/2006-04-21/lula-
-abre-producao-de-petroleo-da-plataforma-p-50.

Lula abre a produção de petróleo da plataforma P-50

21/04/2006 - 15h32

Marcela Rebelo
Repórter da Agência Brasil

Brasília – O presidente Luiz Inácio Lula da Silva acaba de inaugurar a produção de petróleo da plataforma P-50 na Bacia de Campos, no Norte do Estado do Rio de Janeiro. Repetindo um ato do ex-presidente Getúlio Vargas, em 1952, Lula molhou as mãos no óleo e imprimiu as marcas em um macacão de funcionário da Petrobras.

Nota publicada no site da Agência Brasil em 21/4/2006.

Mas a P-50 não rendeu os frutos que se esperavam. De alguma forma "inexplicável", não se conseguia extrair todo o petróleo que se esperava naquela região, a princípio, riquíssima! Na verdade, havia *mais água do que petróleo*, como as mídias costumavam dizer na época. A P-50 simplesmente não alcançava a produtividade prevista, de 11% da produção nacional, e nem mesmo chegava perto! Especialistas falavam em falta de investimento, em erros técnicos, em previsões excessivamente otimistas e outros absurdos que de modo algum poderiam ser verdade, já que se tratava da "melhor gestão que já existiu *na história deste país*".

Dê uma olhada na matéria publicada no *site* BOL Notícias, em 5/9/2012[19]. A matéria mostra, inclusive, um gráfico da produção anual de petróleo entre 2000 e 2012. Até houve aumento na produção, mas nem de longe o que as previsões menos otimistas anunciavam que teríamos. E mais longe ainda do que precisávamos, considerando-se o aumento do consumo.

---

19 Disponível em: http://noticias.bol.uol.com.br/economia/2012/09/05/icone-da-petrobras-plataforma-p-50-extrai-mais-agua-que-oleo.jhtm.

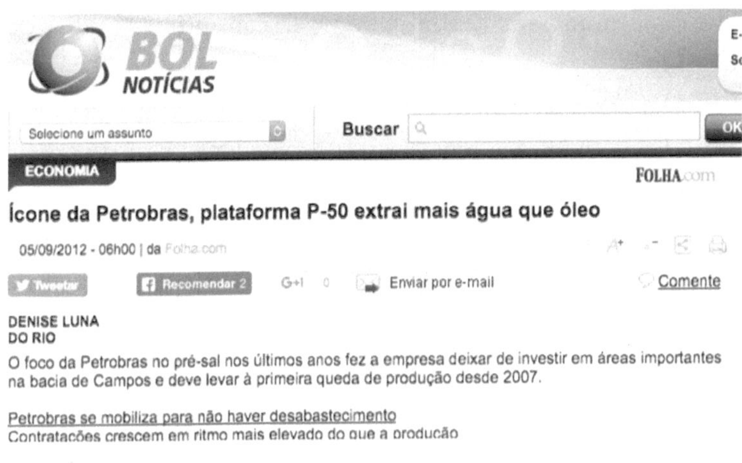

FONTE: *Site* BOL Notícias – 5/9/2012.

Até aqui você poderia dizer que tudo bem, não voltamos a ser autossuficientes em produção de petróleo, nem alcançamos alguma vez autossuficiência no refino e a P-50, que foi um investimento monstruoso, não deu o que se esperava. Mas, e daí? Ainda temos todos aqueles 50 bilhões de barris de petróleo no pré-sal, não é? Basta ir lá pegar e pronto, tudo resolvido!

Não preciso nem dizer que isso também não é bem assim... Aquele petróleo do pré-sal está tão fundo que a tecnologia existente para exploração em áreas normalmente utilizadas para extração simplesmente não serve. Para conseguir petróleo da camada pré-sal, é preciso fazer investimentos vultosos, na ordem de bilhões. E, apesar do muito que se dizia e da atmosfera de prosperidade que nos induzia a pensar que havia muito dinheiro sobrando, bem, na verdade não havia tanto dinheiro assim.

No bom português, contaram com o ovo muito, mas muito antes... Entende? A galinha ainda era um pintinho e já sentiam o gosto da omelete! Mas na verdade o tempo mostrou que o pintinho nem mesmo sobreviveria aos primeiros dias de nascido.

Metáforas à parte, a Petrobras passou a amargar períodos seguidos de prejuízos bilionários e foi perdendo cada vez mais dinheiro, confiança e oportunidades para sair do buraco, que parecia (e ainda parece) sem fim. Uma avalanche de falhas técnicas e administrativas que se seguiram, além de escândalos de corrupção, que ainda estamos vasculhando até hoje, conseguiu destruir a mais sólida e tradicional empresa do nosso país. Hoje a Petrobras luta para sobreviver matando um leão por dia. Ou seria melhor dizer um zoológico inteiro? A BR Distribuidora, uma empresa do grupo que sempre foi muito lucrativa, está para ser vendida[20] apenas para cobrir parte das dívidas. E milhares de concursados estão aguardando aterrorizados o dia em que poderão ser dispensados. E provavelmente muitos serão mesmo.

Isso tudo nos deixa uma reflexão importante. A de que, ainda que você tenha nas mãos as melhores oportunidades, se não tiver preparo técnico, competência e maturidade para aproveitar e administrar os resultados de forma eficiente, pode estar soltando fogos de artifício, mas ainda assim estará fadado ao fracasso. Somos e sempre fomos uma nação riquíssima! Não se esqueça de que já tivemos muito ouro, muitas pedras preciosas, muito pau-brasil, muito café, muita cana-de-açúcar e hoje temos muito petróleo. Mas infelizmente fartura de recursos nas mãos de um povo passivo e de um governo incompetente é como o dinheiro nas mãos de um jogador. Ele perde tudo num instante e, dia após dia, vive como se nunca tivesse um tostão

---

20 Exemplo de notícia sobre o assunto: *Folha de S. Paulo*, 27/7/2016, "Venda de BR Distribuidora deve ser fechada no início de 2017", diz Parente". – Disponível em: http://www1.folha.uol.com.br/mercado/2016/07/1795927-venda-de-br-distribuidora-deve-ser-fechada-no-inicio-de-2017-diz-parente.shtml.

nos bolsos. Não importa se ele ganhar algumas vezes e nem importa o quanto ele ganhe, pois jogará de novo com tudo o que tiver e com a própria sorte. E tantas vezes quanto ganhar, tantas quantas perderá. Dependendo apenas da sua sorte, ele sempre estará falido! Queremos ser donos do nosso destino ou marionetes nas mãos dele?

Por que tamanha judiação?

Quando pensei em falar nesse assunto, imediatamente me veio à cabeça a música ícone de Luiz Gonzaga, personalidade que muito admiro da nossa cultura. A música fala justamente sobre o sofrimento de um povo guerreiro e batalhador, mas que sempre sobreviveu em meio a grandes desafios. Falo daquele povo *cabra macho* que habita o interior do sertão do nosso país. Um povo forte e verdadeiro, mas que mora em uma terra difícil, quente, seca, onde o nosso recurso natural mais precioso, a água, sempre falta e de onde, como disse Gonzaga, *inté mesmo a asa branca bateu asas*!

Caso você não saiba, a *asa branca* é uma ave, uma espécie de pomba. E a referência feita a ela (bateu asas) é sobre o quão quente estaria sendo o período de seca, quente a ponto de a asa branca bater asas para outro lugar, um lugar melhor.

Talvez você nunca tenha parado para prestar atenção na letra da música "Asa Branca". Ela é o lamento de alguém que, por causa da seca, perdeu tudo o que tinha, deixou o seu lar e foi para um lugar distante em busca de melhores condições de vida, imitando, talvez, a própria asa branca da canção. Uma história contada e recontada na vida de milhões de nordestinos que tiveram esse mesmo destino. Todo brasileiro do Sudeste, Sul e Centro-Oeste já conheceu alguém da *terrinha* que vive a sonhar com os familiares deixados para trás. Ele partiu em busca de uma vida melhor para si e para os seus, os quais, muitas vezes, faz planos *de buscar quando as coisas melhorarem*. Mas, infelizmente para a maioria, as coisas nunca melhoram, pelo menos não e esse ponto.

Acho que vale muito a pena fazermos juntos a leitura da letra dessa música. Você me acompanha?

Quando oiei a terra ardendo
Qual fogueira de São João
Eu perguntei a Deus do céu, ai
Por que tamanha judiação

Eu perguntei a Deus do céu, ai
Por que tamanha judiação

Que braseiro, que fornaia
Nem um pé de prantação
Por falta d'água perdi meu gado
Morreu de sede meu alazão

Por farta d'água perdi meu gado
Morreu de sede meu alazão

Inté mesmo a asa branca
Bateu asas do sertão
Depois eu disse, adeus Rosinha
Guarda contigo meu coração

Depois eu disse, adeus Rosinha
Guarda contigo meu coração

Hoje longe, muitas légua
Numa triste solidão
Espero a chuva cair de novo
Pra mim vortar pro meu sertão

Espero a chuva cair de novo
Pra mim vortar pro meu sertão

Quando o verde dos teus óio
Se espaiar na prantação
Eu te asseguro não chore não, viu
Que eu voltarei, viu, meu coração

Eu te asseguro não chore não, viu
Que eu voltarei, viu, meu coração

O que me admira, espanta e entristece nessa linda música é que, apesar de ter sido composta por Gonzaga em 1947, ou seja, há 69 anos – já que estou escrevendo em 2016 –, a realidade desse povo ainda é praticamente a mesma. Muito pouco ou quase nada mudou. Muitos governos, muitas promessas... mas basicamente nenhuma realização.

É triste ver que neste país nem mesmo os muito necessitados recebem qualquer atenção. Mas quanto dinheiro foi gasto a título de beneficiar esse povo e essa região? Isso é algo imensurável! Obras faraônicas, ideias mirabolantes... Mas onde estão os resultados?

Das grandes obras **iniciadas** para resolver o problema da seca no Nordeste, com certeza se destaca e muito a transposição do rio São Francisco. A ideia da transposição do rio remonta nossa história até os tempos do império de Dom Pedro II, quando já se falava em realizar tal feito. Vários governos prometeram executar o projeto, assim como o Partido dos Trabalhadores, que, ao longo de quase 20 anos, usou o assunto como promessa de campanha, mesmo antes de o ex-presidente Lula ganhar o seu primeiro mandato em 2003.

E um dia, se para nossa felicidade ou infelicidade ainda estamos tentando descobrir, ele teve a sua oportunidade. Depois de muitas promessas, muitas datas e adiamentos, foi finalmente em 2007 que as obras começaram. A primeira previsão, ou a mais antiga que conheço, para a conclusão da obra era o ano de 2010. Mas você deve saber que até hoje, em 2016, essas obras não foram concluídas.

Apesar do fiasco pelo não cumprimento da primeira previsão, naquele mesmo ano, em 2010, o então presidente Lula discursou em meio a muitos aplausos dizendo que "... a obra vai ser inaugurada definitivamente em 2012, a não ser que aconteça um dilúvio ou qualquer coisa"[21]. Você soube de algum dilúvio? Nem dilúvio e nem obra pronta. O que tivemos foi um aumento absurdo nos gastos, é claro.

Em 2012, apenas dois anos após a previsão citada, o *Estadão* já noticiava[22] que a obra excedia seu custo total estimado em 71% e chegava a superar a marca de R$ 8 bilhões! E mais, a matéria cita ainda que o prazo **restante** estava estimado em 45 meses, ou seja, quase mais quatro anos de atraso, remetendo o fim da obra para 2016, o ano em que estou hoje. Acabou? Claro que não. Acabará? Só Deus sabe ao certo, mas imagino que nós não veremos essa água correr. Talvez nossos netos, quem sabe?

Esse foi nada mais, nada menos, que o **maior e mais caro projeto do PAC** (Programa de Aceleração do Crescimento) e que nos deu em retorno absolutamente nada! Gastamos muito, colhemos coisa nenhuma. Mas o PAC foi amplamente noticiado ao longo de anos como o programa mais importante do governo federal, e você com certeza assistiu às propagandas na televisão e ouviu no rádio. E pagou também por isso.

E quanto ao povo nordestino? Bem, eles estão lá até hoje esperando que centenas de quilômetros de canais de concreto sejam construídos para terem água para beber. E só de falar nisso já me deu até vontade de beber água, estou perdendo o raciocínio aqui.

---

21 Fato noticiado pela *Veja*, em 14/5/2014, e disponível acessível em: http://veja.abril.com.br/blog/augusto-nunes/o-pais-quer-saber/dilma-garante-que-ficara-pronta-em-2015-a-transposicao-que-lula-prometeu-para-2012-houve-uma-subestimacao-da-obra/.
22 Disponível em: http://politica.estadao.com.br/noticias/geral,custo-da-transposicao-do-sao-francisco-aumenta-71-e-vai-superar-r-8-bilhoes,852078.

Volto, agora, hidratado... As previsões passaram de 2010 para 2012, depois para 2015, depois para 2017[23] e, até onde se sabe, estamos chegando lá! Ou seja, estamos chegando a 2017, mas a obra não acaba e parece que a culpa agora é da crise. Ah, essa crise... sempre atrapalhando a vida do brasileiro!

Continuando a pesquisar, você vai encontrar relatos de custos ultrapassando os 9, 10, 11 e até os 12 bilhões de reais. Por exemplo, numa matéria da *Folha de S. Paulo* publicada em 17/7/2016[24]. A matéria cita ainda que serão gastos mais 10 bilhões até o ano 2026! E fala também sobre as recentes investigações, por ter se tornado alvo da Laja Jato, devido ao **desvio de recursos, corrupção e ineficiência**. Será?

O peixe que foi vendido para o povo nordestino, como solução para todos os seus problemas, era, na verdade, uma grande armadilha para desviar bilhões, saindo direto do bolso de cada um de nós. E, se nada está pronto, para onde você acha que foi toda essa fortuna? Sítios, pedalinhos e tríplex no Guarujá? Isso não é nada! Estamos falando de tanto dinheiro que fica até difícil imaginar.

Mas vou ajudar você a ter uma ideia do que representam esses R$ 12 bilhões que já foram gastos sem nos retornarem nenhum benefício. Não sei se você sabe, mas nosso principal produto é o agronegócio, ou seja, basicamente plantação de vegetais e criação de animais. Somos uma espécie de *zé da roça* para o mundo, enquanto países como os EUA exportam *softwares* e tecnologia por um preço muito maior.

---

23 Noticiado pelo G1, em 28/7/2015, no endereçoem: http://g1.globo.com/jornal-hoje/noticia/2015/07/final-da-obra-de-transposicao-do-rio-sao-francisco-esta-prevista-para-2017.html.

24 Disponível em: http://www1.folha.uol.com.br/mercado/2016/07/1792453-novo-programa-para-rio-sao-francisco-custara-mais-r-10-bilhoes.shtml.

Mas tomando como base nosso principal mercado, o agronegócio, na safra 2015/2016 batemos um novo recorde: 209 milhões de toneladas de grãos. Muita coisa mesmo! Com destaque para a soja, que foi estimada em 99 milhões de toneladas. E sabe quanto foi que toda essa soja nos rendeu em exportações? Foram US$ 3,47 bilhões ou, convertendo o dólar a cerca de R$ 3,30 (não está nem isso hoje), estamos falando de aproximadamente R$ 11,45 bilhões. Ufa, chegamos perto dos 12, só faltou *meio bilhãozinho*! Ninharia...

Em outras palavras, todo o montante da produção negociada em exportação de soja no país na safra 2015/2016, uma safra recorde, não paga o que gastamos nessa obra faraônica que não beneficiou nenhum cidadão brasileiro. E, por favor, repare que eu não estou falando de lucro, ok? Estou falando de total arrecadado. Esses dados estão divulgados no Portal Brasil[25], do próprio governo federal. Qualquer um pode acessar e conferir.

Mas ok, a essa altura você já deve estar cheio de ouvir do rio São Francisco e, ainda por cima, muito chateado de saber como o seu dinheiro suado tem sido desperdiçado para não matar a sede de ninguém no Nordeste. Vamos então diversificar nossa conversa, ok? Será que não há alternativas mais *em conta* e/ou mais rápidas para, pelo menos, ajudar os companheiros que ainda estão lá esperando a água que nunca chega?

Vamos analisar algumas possibilidades, mas antes gostaria de contar uma história da minha infância que envolve o meu avô, a quem dediquei este livro.

Quando eu era criança pequena, lá em Duque de Caxias, nós utilizávamos alguns *truques básicos* para conseguir água.

---

25 Disponível em: http://www.brasil.gov.br/economia-e-emprego/2016/04/safra-de-graos-2015-2016-atingira-209-milhoes-de-toneladas.

Lá não havia seca, ou seja, chovia regularmente. Então lá era mais fácil conseguir água do que no Nordeste, evidentemente. Mas também não era assim tão fácil a ponto de não nos preocuparmos em como funcionava o ciclo da água. Tínhamos um poço, mas morávamos num morro bem alto e, por isso, a água do poço ficava funda demais. Logo, ou você tinha um braço muito forte para puxar toda água que precisasse lá de baixo, há dezenas de metros, ou você era esperto para fazer a natureza "trabalhar por você".

Por isso, meu avô criou no nosso quintal um sistema de coleta e armazenamento da água que vinha das chuvas. Ele fez telhados e instalou calhas. Depois ele fez com que essas calhas abastecessem algumas manilhas que ficavam em locais estratégicos. Chamávamos essas manilhas de "quinto", não sei de onde veio esse nome, mas já chamavam assim quando eu nasci. Os "quintos", por sua vez, tinham um cano na parte superior que conduzia a água mais limpa, por processo de decantação (embora meu avô nunca tivesse ouvido essa palavra), para uma cisterna que ele construiu.

Devido a todo esse mecanismo, a chuva abastecia os quintos, que abasteciam a cisterna, de onde tirávamos a maior parte da água que usávamos. E, evidentemente, tínhamos água mesmo quando não estava chovendo. E o poço? Bem, ele era uma fonte alternativa para quando ficava muito tempo sem chover. Tenha sempre um *backup*!

Meu avô não aprendeu o que era *decantação* nem o que era *backup* na escola. No entanto, ele conhecia os conceitos, porque nasceu e cresceu no campo, onde aprendeu isso e vários outros métodos simples e engenhosos pelo modo antigo, ou seja, de boca a boca, de pai para filho, de geração para geração.

O que estou tentando dizer com essa história é que existem, sim, formas muito mais simples e baratas do que transportar um rio inteiro, por centenas de quilômetros, por meio de uma obra imaginada há quase 200 anos e que, até agora, ninguém nunca conseguiu fazer acontecer de fato.

Quem sou eu para dizer o quanto é ou não importante fazer a transposição do São Francisco. Muito menos sou capacitado para avaliar se essa medida poderá de fato resolver o problema da seca no Nordeste, que é o que interessa. E menos ainda sou capacitado para dizer se, conseguindo realizar esse feito incrível, de repente, sem querer, não poderíamos também dar início a problemas ambientais gravíssimos em decorrência de uma intervenção tão grande no meio ambiente. Mas ninguém nega que é uma possibilidade e, nesse caso, a "solução" poderia se tornar um problema ainda maior.

Contudo, apesar de eu não ser capacitado para dizer essas coisas, muito embora tenha minhas opiniões e me reserve o direito a elas, há quem seja especialista de fato e diga que essa obra é desnecessária. Claro, alguém sempre é contra, você poderia dizer. Mas não é por isso que não vamos ouvi-lo também. É possível encontrar vários exemplos pesquisando na internet, mas vou citar apenas uma matéria publicada pela própria EBC (Empresa Brasil de Comunicações) em 22/11/2012[26]. Na matéria o pesquisador entrevistado, João Suassuna, afirma que no Nordeste há água de sobra e que o problema real é a falta de investimento em **distribuição**. Logo, trazer água de tão longe (do São Francisco) seria, segundo ele, totalmente desnecessário. É claro que o senhor João Suassuna não é o dono

26 Disponível em: http://memoria.ebc.com.br/agenciabrasil/noticia/2012-11-22/especialistas-dizem-que-nordeste-tem-agua-mas-falta-distribuicao.

da verdade, ele poderia estar errado também – apesar de eu concordar com ele. Recomendo, por isso, que você leia essa matéria e que também pesquise outras nesse sentido. Mas não vou me alongar mais no assunto para poder falar de outras coisas. Além disso, o objetivo maior deste livro é incentivar você a pesquisar e se envolver com os assuntos abordados e a não dar algum tipo de "resposta absoluta" às questões apresentadas.

Mas, voltando à história do meu avô, é claro que no Nordeste chove muito menos, então a ideia dele certamente não seria suficiente, não é verdade? Sim, pode até não ser **suficiente**, mas ainda assim é bastante útil! E se ele conseguia ter ideias engenhosas para captar água, mesmo sem nenhuma instrução, ou seja, sem nenhuma educação formal, bem, imagino o que engenheiros formados e experientes pelo Brasil afora não poderiam realizar se tivessem oportunidade. Fico imaginando o que universidades federais, com seus mestres e doutores, não poderiam criar com seus alunos se houvesse investimento em pesquisa como há em obras que não dão em nada.

Baseado nesse pensamento, posso **pelo menos supor** que seria muito interessante se investíssemos mais em iniciativas sustentáveis e de convivência harmoniosa com a natureza, coisa que perdemos, dando a todo o nosso potencial intelectual, representado por profissionais e pesquisadores de diversas áreas, a oportunidade de criar e inovar. Esse tipo de investimento seria, com toda certeza, mais barato e de retorno muito mais rápido do que os dez anos e mais de 12 bilhões de reais já gastos com a obra do São Francisco. Certamente, a esta altura, já teríamos mais pessoas abastecidas do que temos com a transposição.

Por isso, mesmo não sendo nenhum especialista em meio ambiente ou áreas correlatas, mas para pôr à prova a teoria de que ideias simples como as do meu avô podem, sim, ajudar, e muito, na solução desse problema tão grave, vou começar a pesquisar e a apresentar um pouco do que tem sido feito Brasil afora com esse tipo de ideia. Ideias que, na minha humilde opinião, são bem mais eficientes do que tem sido nosso governo com a obra do São Francisco, que até agora não matou a sede de ninguém.

A técnica para isso será vasculhar a internet com um pouco de paciência e boa vontade. Vejamos se conseguimos algo melhor, mais barato ou mais eficiente do que a obra de transposição do São Francisco que já levou 10 anos e gastou R$ 12 bilhões.

Ao começar a pesquisa, os primeiros resultados me deixaram imensamente feliz! Pude constatar que, na verdade, a ideia do meu falecido avô de coleta de água da chuva e armazenamento em cisternas é utilizada até hoje e, inclusive, no próprio Nordeste. O problema lá não é que não chove nunca, mas sim que chove pouco. Logo, se você armazenar o que puder, poderá ter uma vida muito melhor. Uma matéria da revista *Superinteressante*[27], de 2002, frisa esse ponto de que lá chove, porém pouco, citando que, se não chovesse no semiárido nordestino, não seria "semi".

Essa matéria da *Superinteressante*, que achei realmente interessante, me fez rir quando chamou de "revolucionária" essa ideia. Achei engraçado por motivos óbvios, já que, como você sabe, eu conheço a solução desde criança, e aprendi com meu avô, que também aprendeu em sua infância. Logo, isso pode ser chamado de tudo, menos de "revolucionário".

---

27 Disponível em: http://super.abril.com.br/ideias/coleta-agua-da-chuva-o-fim-da-sede.

Encontrei outra matéria também muito legal, publicada pelo Jornal Nacional, no *site* do G1, em 27/11/2014[28]. A matéria faz uma abordagem mais abrangente, não fala apenas do Nordeste e, por isso, é bastante elucidativa. Ela cita inclusive que, para alguns tipos de construção e em algumas cidades, a instalação de mecanismos para captação de água da chuva já é obrigatória por lei. O Portal R7 também publicou uma matéria semelhante e interessante, mas com foco no problema de abastecimento de água que ocorreu em São Paulo[29].

Foi curioso constatar também que o próprio governo tem conhecimento disso (o que já podíamos evidentemente imaginar) e que até já fez algum investimento. Não investiu tanto quanto na transposição do São Francisco (nem a sombra disso), mas chegou a instalar cerca de 1 milhão de cisternas no semiárido, como cita a reportagem publicada no *site* do UOL Notícias, em 25/3/2015[30]. O projeto é também muito mais antigo, começou em 2001, no governo FHC. Mas ainda assim o governo do PT preferiu apostar mais na obra do São Francisco. Nesse projeto, o das cisternas, as pessoas beneficiadas precisavam trabalhar na construção dela. Iniciativa interessante, mas espero que a moda não pegue ou poderei ter que trabalhar na construção de pontes e viadutos, além de cumprir expediente onde sou empregado e ainda pagar impostos.

Isso prova que a ideia "coleta e cisterna" funciona, que o governo pode investir muito mais do que tem investido e que os resultados são rápidos e baratos. Para constatar o quanto se trata

28 Disponível em: http://g1.globo.com/jornal-nacional/noticia/2014/11/nordeste-da-
-exemplos-de-convivencia-com-escassez-de-agua.html.
29 Disponível em: http://noticias.r7.com/brasil/cisternas-do-nordeste-podem-inspirar-
-modelo-de-captacao-de-agua-e-resolver-seca-de-sp-01022015.
30 Disponível em: http://noticias.uol.com.br/cotidiano/ultimas-noticias/2015/03/25/ago-
ra-so-carregamos-agua-da-cisterna-para-casa-comemora-agricultor-do-pi.htm.

de uma iniciativa barata, comparada a soluções mirabolantes como a que já analisamos, você pode começar procurando fotos e vídeos dessas cisternas na internet. É uma solução com aparência bastante "caseira", ou seja, do tipo que qualquer um poderia fazer. Praticamente não há preocupação com acabamento e estética. E, ainda por cima, utiliza mão de obra da própria população em esquema de mutirão.

Contudo, apesar do potencial da ideia e das "técnicas" para economizar na solução, a iniciativa governamental não foi muito bem executada. Muitas dessas cisternas do governo geraram bastante polêmica quando, com o pretexto de acelerar o processo, foram utilizadas cisternas plásticas (polietileno, para ser mais exato). Os problemas foram vários. Entre eles, as cisternas plásticas custavam mais que o dobro da cisterna tradicional, não podiam ser reparadas pela população quando apresentavam defeito, não podiam ser abertas para higienização e, o pior de tudo, não suportavam o calor da região e deformaram com cerca de três meses de uso apenas. Isso foi noticiado pelo UOL[31] e pela BBC[32], entre outros, em 2012.

As cisternas de cimento, contudo, também sofriam suas críticas. Mas o custo ainda menor e a vantagem de poderem ser mantidas e consertadas pelos próprios usuários as colocavam em grande vantagem. A do meu avô, por exemplo, era de cimento. E, como usuário experiente de uma, posso dizer que realmente é muito importante poder abrir para limpar e ser capaz de consertar, sem depender de mão de obra especializada ou

---

31 Disponível em: http://noticias.uol.com.br/cotidiano/ultimas-noticias/2012/03/18/mais-caras-cisternas-de-plastico-doadas-pelo-governo-deformam-no-semiarido-e-sao-alvo-de-criticas.htm.
32 Disponível em: http://www.bbc.com/portuguese/noticias/2012/06/120615_seca_sertanejo_pc.shtml.

do governo para isso, principalmente quando falamos de pessoas com pouco poder aquisitivo e residentes em áreas remotas como o semiárido nordestino.

Ok, já falamos bastante sobre cisternas e vimos que elas podem ajudar, mas lembra-se do nosso "poço *backup*" lá em Duque de Caxias? Será que essa também é uma solução viável no Nordeste? Vamos pesquisar!

Com pouco trabalho, começamos a encontrar referências sobre o assunto. Muitos *sites* de ONGs, *blogs* e autores independentes afirmam estar no subsolo a solução de todos os problemas do semiárido nordestino. O governo também possui projetos para a perfuração de poços, mas alguns desses poços estão abandonados e outros simplesmente não estão atendendo a população, apesar de já terem sido perfurados. O Portal Brasil publicou, em junho de 2016, uma promessa de que o Nordeste receberá 2.500 poços artesianos até 2018[33]. Vamos torcer bastante para que eles saiam do papel! Afinal, segundo o próprio governo, eles vão custar apenas R$ 16 milhões, mas vão economizar R$ 133 milhões por ano gastos em carros-pipa! Será que essa economia vai ajudar?

Com esses poucos dados, acredito que já podemos dizer que, sim, os poços também funcionam. E também podemos dizer que essa não é nenhuma ideia revolucionária. A Bíblia já citava o uso de poços há milhares de anos. Logo, qualquer ser humano com o intelecto um pouco superior ao de uma banana poderia ter posto essa ideia em prática no Brasil há muito tempo, não é verdade? E é por isso que eu não vou gastar mais o nosso tempo tentando provar uma coisa tão óbvia quanto essa.

---

33 Disponível em: http://www.brasil.gov.br/infraestrutura/2016/06/regiao-nordeste-recebera-2-500-pocos-artesianos-ate-2018.

Até aqui falamos de duas ideias simples, básicas e de implementação relativamente fácil, mas de custo sem sombra de dúvidas muito mais baixo do que as obras faraônicas que temos visto e ouvido por aí. Poderíamos falar ainda de outras ideias, um pouco mais exigentes, como técnicas para utilização eficiente da água e reciclagem de água. Elas também são viáveis e de menor custo, ainda comparando com as grandes obras. Enfim, quero dizer com isso que opções realmente não faltam. O que parece mesmo faltar neste país é vontade política para resolver o problema.

Mas não vamos parar por aqui. Vamos dar uma pequena olhada no resto do mundo agora. Será que existe seca em outro lugar do mundo? Ou será que se trata de um problema exclusivo do semiárido nordestino?

Para fechar esse assunto, gostaria de mostrar a você um pouco do que o mundo tem feito para lidar com a questão da seca. Afinal, é claro que esse não é um problema somente do nordeste brasileiro. O que nos leva a pensar: será que o resto do mundo tem convivido melhor com essa adversidade natural? Vamos ver.

Israel é, sem dúvida, o país que mais chama a minha atenção. Os israelenses possuem um território muito pequeno, se comparado ao nosso. São 20.770 km2 deles contra 8.516.000 km2 nossos – daria para criar 410 países como Israel apenas dividindo o território brasileiro. Em extensão, ele é comparado ao menor estado do nosso país, que é Sergipe, com 21.910 km2 – um pouco mais. E, além disso, boa parte do território de Israel é tomada por desertos. O deserto de Neguev, ao sul, ocupa cerca de 60% do território de Israel. E não estamos falando de um semiárido, e sim de um deserto – lá chove menos do que no Nordeste! O próprio nome "Neguev", que vem do hebraico, significa "seco" ou "árido". Todos sabemos que o que menos há no deserto é água. Considerando esses dados, poderíamos supor que Israel vive em dificuldades ainda muito maiores do que o semiárido nordestino do nosso país, não é verdade? Mas não, isso não é verdade.

Esse pequeno país, com mais da metade do seu território tomada por desertos, consegue ser um grande produtor agrícola! Isso mesmo, eles plantam e colhem no deserto – e muito! Eles abastecem, inclusive, toda a Europa com vários de seus produtos agrícolas. Como? Não vou explicar aqui em detalhes, pois muitos já fizeram isso e eu não quero "chover no seco"... (Essa foi péssima!) Mas vou dar algumas referências para você mesmo pesquisar. Afinal, esse é o maior objetivo deste livro, ou seja, deixá-lo curioso e motivá-lo a procurar mais informações. E esse tema em especial certamente abrirá seus horizontes com relação ao que se pode fazer com trabalho, competência e criatividade. Seguem algumas matérias extraordinárias sobre o assunto:

- *Estadão* – 11/3/2009 – "Israel ensina a cultivar no deserto"[34];
- Globo Repórter – Portal do G1 – 7/2/2014 – "Lagostas azuis produzidas no deserto têm melhor tipo de cálcio para o corpo"[35];
- Globo Rural – 6/3/2015 – "Novos negócios no deserto"[36];
- *Superinteressante* – novembro de 2011 – "Uma horta no inferno"[37].

34 Disponível em: http://www.estadao.com.br/noticias/geral,israel-ensina-a-cultivar-no-deserto,336869.
35 Disponível em: http://g1.globo.com/globo-reporter/noticia/2014/02/lagostas-azuis-produzidas-no-deserto-tem-melhor-tipo-de-calcio-para-o-corpo-humano.html.
36 Disponível em: http://revistagloborural.globo.com/Noticias/Agricultura/noticia/2015/03/novos-negocios-no-deserto.html
37 Disponível em: http://www.superinteressante.pt/index.php?option=com_content&view=article&id=1067:uma-horta-no-inferno&catid=12:artigos&Itemid=86.

E por favor, procure mais! Há muita coisa interessante sobre isso. Mas apenas nesses artigos citados você vai ler coisas como:

a) Lá chove menos que no Nordeste;

b) Eles cultivam vários vegetais e exportam para vários países, não produzem apenas para o próprio consumo;

c) Eles também produzem muito leite e até lagosta no deserto;

d) Hoje eles possuem muita tecnologia, mas na verdade já cultivam no deserto há milhares de anos.

E de modo nenhum vamos nos esquecer do contexto histórico no qual esse povo está inserido. Israel foi criado em 1945 após a Segunda Guerra Mundial – todos sabemos disso. Ou seja, eles não estão administrando aquela terra há 500 anos como nós, só tiveram uns 70 anos para fazer isso tudo que nós estamos falando aqui.

Tudo bem... Os israelenses são geniais, você me convenceu! Mas isso é um caso isolado – você pode estar pensando. Ninguém mais pode fazer coisas assim, então eles devem ser alguma espécie de semideuses e estão muito além do que nós, brasileiros comuns, podemos sonhar em fazer. Será?

Esse pensamento, se é que alguém terá, evidentemente é equivocado. Você pode encontrar facilmente inúmeras referências a trabalhos como os citados no deserto do Neguev, em Israel, também num deserto ainda muito pior, o do Saara. O Saara não é nada mais nem nada menos que o segundo maior (em extensão) e o mais quente deserto do nosso planeta! Em área, ele só é menor que a Antártica, também um deserto, porém gelado. O Saara é maior que o Brasil, cobre quase todo o norte da África e passa por 11 países. As temperaturas ultrapassam os 50° e chover lá é bastante raro. Lá é muito pior que o nordeste brasileiro.

Quer conhecer um pouco sobre o deserto do Saara? O Globo Repórter, em 10/6/2016, fez uma reportagem especial muito interessante sobre ele. Os temas apresentados aqui no livro não são abordados na reportagem, ok? Ela é citada como referência de um bom programa para se conhecer um pouco sobre o deserto, a cultura e as paisagens. Você pode assistir pela internet, são vários vídeos curtos abordando diversos temas sobre o Deserto do Saara. O primeiro deles você pode acessar pelo endereço https://globoplay.globo.com/v/5086363.

Mas, voltando ao nosso assunto, de plantações[38] à criação de camarão[39], você pode encontrar muita coisa sendo feita até mesmo no deserto do Saara. E pesquisadores de vários países, não somente os semideuses israelenses, atuam nesse tipo de trabalho. Afinal, nem todos os povos do planeta foram agraciados com terras como as nossas. Aqui batemos recordes seguidos de safras na produção de grãos e outros produtos do agronegócio, sem precisarmos ter nem um terço da criatividade e eficiência que outros países possuem ao lidar com seus recursos naturais.

E, quando digo "um terço", estou sendo bastante generoso. Aqui temos rios que se parecem com mares, e ainda assim há quem morra de sede em regiões que não chegam a ser um deserto, mas onde apenas chove menos do que no resto do país.

Para conhecer um pouco mais do que tem sido feito pelo mundo, recomendo pelo menos estas duas matérias interessantes do G1 e da EBC:

---

38 Exemplo de notícia sobre o assunto em: http://dinheirorural.com.br/secao/agrotecnologia/agricultura-no-saara.
39 Exemplo de notícia sobre o assunto em: https://www.eaeagricola.com.br/curiosidades/deserto-do-saara-serve-como-centro-de-cultivo-de-camaroes.

- "Veja soluções de seis países para vencer a falta de água e o desperdício" – G1, 24/5/2015[40];

- "Conheça soluções para falta de água em diversos países" – EBC, 19/03/2015[41].

Depois de analisar com você todas essas informações, chego até a pensar que, talvez, os problemas enfrentados pelo nordestino no nosso país possam, de algum modo estranho, ser mais políticos do que necessariamente o produto de uma limitação humana para lidar com as regiões mais secas e quentes. Mas é claro, posso estar enganado... Deve ser apenas um devaneio.

Contudo, digamos que eu não esteja enganado. Digamos que esse "pensamento" não seja uma mera fantasia deste pobre mortal que vos escreve... Nesse caso, poderíamos imaginar que, sim, dá para fazer muita coisa boa e eficaz no semiárido nordestino. Podemos nos inspirar em ideias praticadas em Israel e em outros países, mas também podemos criar soluções totalmente novas, com tecnologia nossa! Temos um país enorme, diverso e imensamente rico! Será que há necessidade de continuarmos a ver as cenas clássicas do Nordeste, tal qual a descrita na canção de Gonzaga, "Asa Branca", que usei para iniciar este capítulo?

E se essa não é apenas a impressão tola de alguém que não sabe o que diz, então o que está realmente errado em nosso país? Não podemos controlar o clima, logo, não vale a pena "brigar" com ele. Você não verá nas referências citadas, nem provavelmente em outras que você encontrar por conta própria,

---

40 Disponível em: http://g1.globo.com/natureza/noticia/2015/05/veja-solucoes-de-seis-paises-para-vencer-falta-de-agua-e-o-desperdicio.html.
41 Disponível em: http://www.ebc.com.br/noticias/meio-ambiente/2015/03/falta-de-agua-lista-de-10-solucoes.

nenhum exemplo no qual alguém tentou "mudar o clima". Todas as soluções se baseiam em "convivência harmoniosa" com
o clima da região.

Vou aqui me permitir dar alguns "chutes" e dizer o que
acho que está errado. Não vou apresentar dados, apenas minha
opinião. Mas acredito realmente que, mesmo **não** sendo uma
autoridade no assunto, meus apontamentos farão bastante sentido para você.

Em primeiro lugar, estamos estudando pouco. Talvez não
você em particular, mas nós todos como povo, certamente sim
– bem pouco! E sabemos que educação é fundamental para
alcançar a competência exigida por desafios como esses que
mencionamos neste capítulo. Países como Israel certamente
não tiram pesquisadores, capazes de dar soluções geniais para
se cultivar no deserto, de dentro de escolas públicas como as
que temos no Brasil. Também não é possível formar profissionais de tamanho gabarito apenas com um segundo grau técnico
ou uma faculdade *meia-boca* do tipo "pagou, passou".

Investimento sério e educação de qualidade são neces-
sários para fazer a diferença. E esse investimento precisa ser
feito tanto pelo governo quanto pela sociedade. Sinceramente,
não vejo nossos jovens, no geral, tão interessados em ciência e
tecnologia, e muito menos em "mudar o mundo". Em minha
opinião, faltam idealismo e paixão da nossa parte. Não acredito
que estamos incentivando da forma correta e nem o suficiente
as nossas crianças. Como seria se elas fossem incentivadas a
estudar com o objetivo de **mudar o seu país**? Mas nem nós
mesmos acreditamos nisso. Não se pode dar o que não se tem.

Enquanto escrevo este livro, me pergunto quantos adolescentes poderão se interessar em lê-lo. Ou, ainda, em quantos

pais irão comprá-lo para seus filhos e, infelizmente, não faço grandes projeções. Nisso realmente espero me ver imensamente errado daqui a algum tempo. Nada me faria mais feliz. Mas parece que em geral reclamamos muito, porém nos dispomos pouco a debater e a ensinar, principalmente para as novas gerações, o que pode ser feito com objetivo de, um dia, construirmos o país **onde nós queremos viver**. Lembre-se: só podemos realizar os sonhos que conseguimos sonhar.

Ensinar aos mais jovens que políticos são ladrões, que o mundo é assim mesmo ou que eles nada podem fazer para mudar as coisas é o mesmo que plantar grama e esperar colher maçãs. Seria mais útil se ensinássemos as nossas crianças e adolescentes que, se eles estudarem e se prepararem, poderão assumir o lugar daqueles que nada fazem ou fazem o que não devem. Pois essa é a verdade! A ignorância nos torna servos, todos sabem disso. E conhecimento é liberdade!

A educação, em minha opinião, está em primeiro lugar e, em segundo, está a questão política.

Vamos pensar juntos. A quem interessa de fato resolver problemas sociais graves que dão insumos valiosos para obras bilionárias infinitas e promessas de campanha convincentes e maravilhosas? Certamente não é ao político que isso interessa. Principalmente quando esses políticos sabem que, mesmo se passarem dez anos prometendo terminar uma obra de R$ 12 bilhões, sem cumprir, eles continuarão recebendo votos apenas por continuar prometendo. Gostaria que o nosso povo adquirisse o hábito de fazer contas. Poderíamos chegar à conclusão de que alguns "benefícios" não são, de fato, nem a sombra do que temos direito a receber. Poderíamos também calcular e constatar que a conta paga (impostos) não fecha com os tais "benefícios recebidos" – e nem de longe! Deem-me suas riquezas para administrar, em troca lhes darei o direito às migalhas que caem da minha mesa. Isso lhe parece justo? Muitos acham que sim.

E é por causa da falta de expectativas e de esperança que muitos, como conta a música, dizem *adeus Rosinha, guarda contigo meu coração*. E outros que, como a asa branca, *batem asas do sertão*. São nordestinos que vão para o Sul e o Sudeste. São brasileiros que vão para os EUA e outros países. Por não acreditarmos mais em nossa nação, vislumbramos nas gramas de outros cercados o verde que já não enxergamos mais aqui. Mas nossa terra ainda é fértil e, em se plantando, tudo nasce, inclusive cidadãos com educação, preparo técnico e, acima de tudo, fé em um futuro melhor.

Vem chegando o verão... deslizamento e inundação!

Verão é sinônimo de praia, sol, cerveja e futebol! Não há quem não admire uma bela paisagem iluminada por esse sol belíssimo, principalmente esse que temos aqui no Rio de Janeiro, minha cidade linda e maravilhosa! ;-)

Mas é claro que meu objetivo não é falar das maravilhas do verão, que são muitas. Afinal o tema do capítulo já indicou o assunto e o livro traz a palavra *dilema*, e não *diversão*, em seu nome. E o lado ruim do verão do qual vamos falar, pelo menos em alguns estados do nosso país, é que é nessa época tão cheia de belezas que temos que lidar com várias tragédias anunciadas e, de igual modo, aguardadas – não por anseio, mas por receio.

Deslizamentos e inundações, pelo excesso de chuvas em algumas regiões, nos deixam perplexos e desejosos de ter nas mangas alguma mágica que possa transportar toda essa água para resolver os problemas de nossos irmãos nordestinos. Mas, infelizmente, as coisas não funcionam assim e ficamos só na vontade mesmo. Quem sabe se aqueles investimentos em pesquisas se tornassem realidade, não por mágica, mas por tecnologia, algo útil já poderia ter surgido combinando um problema na solução do outro? Mas o capítulo sobre a seca já acabou, vamos resistir à recaída e falar do oposto, ou seja, do excesso de água.

Parece que os deuses resolvem despejar sobre nós toda sua ira justamente nos verões de cada ano. Se não isso, há uma coincidência enorme aqui, pois todo verão acontecem as mesmas coisas e nos mesmos lugares. Com tanta coincidência acontecendo, acho que já deveríamos ter tomado medidas, não concorda? Claro, nada é fácil... Mas pense comigo: após tantas catástrofes – algumas vamos citar aqui –, será que não conseguimos pensar em absolutamente nada para amenizar esses problemas? Acredito que temos esse potencial.

Esse é obviamente mais um problema complexo. Há muitas causas envolvidas, desde o lixo que jogamos nas ruas e que obstruem os bueiros até problemas bem mais difíceis de resolver, como a questão da habitação, que leva pessoas a ocuparem áreas de risco. Não vamos, novamente, esgotar o assunto, mas vamos analisar algumas dessas questões e, em primeiro lugar, refletir sobre até que ponto somos responsáveis e em que podemos contribuir. Em segundo lugar, vamos pensar no que poderíamos fazer (enquanto sociedade) com apoio e/ou iniciativa governamental – coisa que devemos reivindicar como cidadãos, é claro.

Começando pelo mais fácil: o lixo, que temos o péssimo hábito de descartar em qualquer lugar. Todos sabemos que, quando jogamos aquele papel de bala em qualquer lugar, até mesmo pela janela do carro (já assisti muito isso acontecer nas estradas), alguma lei "sobrenatural" nos garante: esse papel de bala vai acabar parando em algum bueiro por aí. E depois que várias pessoas repetirem o ritual... bingo! Sem chance para o bueiro; ele não vai ser capaz de escoar a água da chuva quando ela vier. E aí vamos xingar aquele filho querido de alguma bondosa mãe, aquele que "não fez nada" para resolver o problema... Adivinha quem é o filho querido?

Eu tinha que falar disso, não tinha jeito. É ridículo, mas, mesmo sabendo das consequências, vemos isso acontecer todos os dias e, pasmem, nós mesmos fazemos até sem ver! Nós simplesmente não paramos de fazer! É uma questão cultural, ou melhor, de falta de educação que ocorre em vários lugares, não em todos os lugares, mas ainda assim, em muitos. O suficiente para causar os problemas que bem conhecemos nas grandes cidades.

Assunto abordado, obrigação de falar dele cumprida, não vou me alongar porque é óbvio demais para ficar enchendo páginas com ele. Quer ajudar? Não jogue lixo por aí. Não encontrou a lixeira? Fácil! Leve seu lixo para casa e descarte-o corretamente.

Mas ok, mesmo que ninguém descartasse o lixo em local indevido, o problema é que chove muito e de uma vez só – você poderia dizer. E não temos como controlar esse volume de chuva – você poderia complementar. É claro, essas afirmações estão corretas. Não podemos controlar quando e quanto vai chover. Mas não precisamos controlar isso. Podemos tomar outras atitudes no mesmo sentido utilizado no capítulo sobre as secas. Em outras palavras, devemos **conviver harmoniosamente** com o meio ambiente e com a questão ambiental, que, em si, não podemos controlar.

E para iniciar este assunto da "convivência harmoniosa", gostaria de antes esclarecer um pequeno ponto. Não causamos ou, no mínimo, agravamos esses problemas (inundações e deslizamentos) apenas por jogar lixo na rua. Na verdade, há muitas outras coisas que fazemos e que são tanto quanto ou ainda muito mais graves. Nossa simples presença é uma grande interferência no meio ambiente, pois, enquanto construímos grandes cidades, impermeabilizamos boa parte do solo, desmatamos diversas áreas, queimamos combustível fóssil e alteramos os cursos dos rios, por exemplo. Essas, entre muitas outras ações, mudam radicalmente o ciclo da água, a captação e reabastecimento natural das bacias hidrográficas e o mecanismo natural de escoamento do volume pluvial nas regiões onde nos estabelecemos. Em outras palavras, não haveria tantas inundações e deslizamentos se não estivéssemos agravando sobremodo as causas desses fenômenos.

Recomendo, como leitura complementar, uma matéria interessante publicada no *site* UOL[42] e que, por sua vez, foi retirada do livro *Processos interativos homem-meio ambiente*, de David Drew. Se você se interessar ainda mais, pode ler o livro todo. Vai acrescentar muito.

Não vamos abordar aqui, contudo, as questões ambientais e o comportamento intrusivo do homem na natureza, que são temas do livro citado. O nosso foco neste livro é tratar de problemas sociais. Sendo mais específico, vamos nos limitar sobre esse assunto a tópicos como questões comportamentais, problemas de infraestrutura das cidades e no que podemos contribuir, independentemente da relação homem e meio ambiente,

---

42 Disponível em: http://conhecimentopratico.uol.com.br/geografia/mapas-demografia/25/artigo134975-1.asp.

para contorná-los. Não jogar lixo na rua é básico e trivial. Mas o que mais podemos fazer?

Ainda falando do lixo, mas de um ponto de vista um pouco diferente, precisamos investir mais em **reciclagem**. Poucas pessoas separam o lixo em casa e poucas cidades possuem coleta seletiva. Esse é um ponto que precisa muito da nossa atenção. Além de outras questões ligadas à economia de recursos e cuidado ambiental, a reciclagem também ajuda a diminuir o excesso de lixo e, consequentemente, ajuda a evitar a formação de locais como o famoso Lixão do Jardim Gramacho, em Duque de Caxias, ou ainda o Morro do Bumba, em Niterói.

O caso do Morro do Bumba é especialmente relevante no que diz respeito a esse assunto, pois se formou em uma área onde havia um lixão, por isso se tornando mais tarde um terreno muito instável. Uma série de casas foi sendo construída até que, em 2010, um deslizamento destruiu essas casas, que já eram centenas, e ainda matou 48 pessoas. O *site* do *Estadão*, em 7/4/2010, publicou: "Lixo em decomposição causou deslizamento em Niterói, diz governo"[43]. O título da matéria dispensa meus comentários. E o Portal G1, em 6/4/2015, publicou: "Tragédia do Bumba completa 5 anos e ainda há famílias em risco, no RJ"[44].

Esses são exemplos de problemas que podemos evitar cuidando melhor do nosso lixo. Em casa, separando-o e, como cidadãos e eleitores, pressionando nossos governos para investirem em coleta seletiva e destinação apropriada.

---

43 Disponível em: http://brasil.estadao.com.br/noticias/geral,lixo-em-decomposicao-causou-deslizamento-em-niteroi-diz-governo,535238.
44 Disponível em: http://g1.globo.com/rio-de-janeiro/noticia/2015/04/tragedia-do-bumba-completa-5-anos-e-ainda-ha-familias-em-risco-no-rj.html.

Complementando a questão comportamental, além do cuidado com o lixo, podemos cuidar também das nossas propriedades levando em consideração questões como o manejo do solo e o escoamento da água das chuvas. É claro que não estou falando aqui com grandes proprietários de terras, e sim com pessoas comuns. Mas esse dito cuidado se aplica a qualquer pequeno terreno ou quintal. Fazendo a coleta e o aproveitamento da água das chuvas ou apenas canalizando essa água para que ela não "crie seu próprio caminho", nós já podemos influenciar positivamente para evitar erosões e deslizamentos.

Pensar em manter e cuidar de plantas e árvores no quintal e na rua onde moramos também contribui para a manutenção do solo. Além de haver locais para absorção de parte da água, onde não houve impermeabilização, as raízes das plantas contribuem naturalmente para evitar erosões. Mesmo sabendo que não somos especialistas nesses assuntos, há questões básicas como essas que precisamos não só conhecer, mas também praticar.

Se você é morador de um apartamento no centro de uma grande cidade, esses dois últimos parágrafos não vão fazer muito sentido para você. Mas os que vivem numa realidade um pouco diferente, que são muitos, vão entender bem do que estou falando. Eu cresci em um local onde tínhamos algum espaço e plantávamos ervas, temperos e árvores frutíferas para complementar nossa própria alimentação. Contudo, algumas plantas estavam lá não para alimentar, mas para ajudar a manter o terreno firme e até para proteger contra invasores. Uma "cerca viva" é muito bonita e útil. Já viu alguma? Se você acha que não funciona é por que nunca tentou "furar" uma dessas e também nunca foi espetado por um cactos. Nós usávamos muito os cactos e garanto, eles eram mais respeitados que um muro de alvenaria. ;-)

Vamos passar agora da questão comportamental, que é a que mais nos compete, para a questão da infraestrutura das cidades. Quanto a essa, nos cabe exigir de nossas autoridades que estejam constantemente investindo para que, quando as chuvas vierem, suas águas encontrem o caminho apropriado. Além de exigir, devemos cuidar, é claro. Mas, para isso, obras são necessárias, desde bueiros limpos e eficientes até pontos de coleta e canais planejados em locais estratégicos. Se nenhuma medida **preventiva** for tomada, é evidente que, quando as nuvens ficarem escuras, nossas cidades sofrerão e, nesse caso, o que foi por séculos sinônimo de abundância e fertilidade – a chuva –, para nós, acabará se tornando cada vez mais presságio de tormenta e catástrofe urbana.

Investimento em infraestrutura para prevenção de tragédias como a do Morro do Bumba e também como a de Teresópolis, que ocorreu menos de um ano depois, em 2011, é essencial tanto quanto investimentos em saúde ou educação. E precisamos encarar a questão dessa forma. O que houve em Teresópolis foi uma série de deslizamentos que matou dezenas de pessoas e deixou a cidade em estado de calamidade pública. E, nesse caso, não se tratava de um terreno instável formado sobre um lixão. Estamos falando de uma cidade turística e de grande beleza natural. A tragédia foi grande a ponto de, em 7/1/2011, o *site* da *ISTOÉ* publicar: "Tragédia de Teresópolis supera deslizamento do Morro do Bumba"[45]. E até aquele momento já se falava em 140 mortos.

Há muitos outros exemplos como os vários deslizamentos em Minas Gerais, em especial em 2011, e também as enchentes

---

45 Disponível em: http://istoe.com.br/119527_TRAGEDIA+DE+TERESOPOLIS+-SUPERA+DESLIZAMENTO+DO+MORRO+DO+BUMBA/.

de Santa Catarina, principalmente em 2008. Não podemos nos esquecer também do mais recente e mais lamentável de todos, que foi o rompimento da barragem da Samarco em Mariana, MG, em 2015. O desastre destruiu o distrito de Bento Rodrigues e os rejeitos da barragem atingiram mais de 40 cidades. Um desastre ambiental sem precedentes no Brasil que, apesar de não ter como causa principal as chuvas de verão, também entra aqui por ter sido causado pela ação do homem no meio ambiente e pelo desleixo no monitoramento da barragem. Ou seja, mais uma vez não fizemos o mínimo, que era cuidar de um problema que nós mesmos criamos.

Esses muitos desastres mostram o despreparo das cidades para lidar com algo comum, aguardado e até **necessário** como as chuvas, além de outros fenômenos naturais. Consciência de que é preciso investir para compensar os impactos ambientais que causamos e pressão popular para provocar uma mudança cultural e política são fundamentais se quisermos caminhar em direção a um futuro mais seguro e equilibrado. Convido você a refletir sobre isso e a buscar governantes que incluam esse assunto em seu plano ou projeto de governo.

O próximo e último assunto deste capítulo é também o mais complicado. Vamos falar das chamadas "áreas de risco" e das pessoas que habitam nesses locais. O assunto se torna complicado e delicado porque essas pessoas geralmente não têm outro lugar para onde ir. E, para ser mais claro, muitas delas se instalaram ali justamente pela falta de opção.

Falar de habitação no Brasil é sempre muito difícil, pois uma moradia custa caro e o que as pessoas ganham em média mal dá para se sustentarem. Isso se já tivessem, cada uma, sua casa própria. Que dirá então se elas precisarem pagar um financiamento ou aluguel?

Por causa disso, é comum o surgimento e a expansão de favelas, assunto que já abordamos, e também o uso de áreas impróprias como encostas, morros, beiras de estradas e até antigos lixões – como o Morro do Bumba. E, é claro, essas construções correrão risco de desabamentos e deslizamentos de terra desde o dia em que forem edificadas até o dia em que, muito provavelmente, hão de ruir.

Quanto a isso, nós, pobres cidadãos, não podemos fazer muita coisa. Assim como a questão da infraestrutura das cidades, o problema das construções irregulares em áreas de risco é algo em que o Estado deve atuar. A nós, cabe exigir e pressionar por ações que caminhem para a solução pelo menos a longo prazo.

E o que exatamente devemos cobrar? Ações como a fiscalização para evitar o surgimento de novas construções em áreas ocupadas e, principalmente, em novas áreas com potencial para sofrerem ocupação; a construção de habitações populares em áreas planejadas e preparadas para essa finalidade; e, por último, um plano de remanejamento dessas famílias para um local mais seguro a longo prazo.

É aqui que alguém pode esbravejar dizendo: "e quem vai pagar por isso tudo?". Bem, seremos nós, claro. Alguma dúvida? Mas e se eu dissesse a você que nós já estamos pagando por isso e por muito mais? Perdemos tanto, por exemplo, para a corrupção que, se apenas parte desse dinheiro fosse convertido em moradias populares, nossas cidades seriam muito mais seguras e também muito mais bonitas. Mas esse é outro assunto e não pretendo misturar. A corrupção está latente nos jornais e na televisão. Abra os olhos e ouvidos, e você verá e ouvirá mais do que eu poderia mostrar e dizer publicando inúmeros livros sobre isso.

Além do mais, você não acha realmente que, se não estamos gastando com medidas preventivas, então não estamos gastando com o problema, não é? Pois é óbvio que estamos gastando de qualquer maneira. Se não preventivamente, então, com certeza, estamos gastando em reação às tragédias quando elas ocorrem. Como diz o velho ditado, *é melhor prevenir do que remediar*, mas nós estamos preferindo *remediar*. Isso também custa caro e o bolso é o mesmo, ou seja, o nosso! A diferença é que no longo prazo o ato de *remediar* sai mais caro, pois, agindo assim, o problema (e o gasto) nunca acaba. Já investindo em infraestrutura e em habitação adequada para as pessoas, no longo prazo esse investimento cai consideravelmente.

Podemos concluir este capítulo ressaltando principalmente duas coisas. Em primeiro lugar a nossa parte na solução do problema, que pode se concretizar em pequenos atos como o descarte adequado do lixo, a separação do material reciclável, a contribuição na conservação das nossas cidades e, se você possui um pequeno terreno ou quintal, pode ainda considerar questões como coleta e aproveitamento da água e ainda como utilizar o terreno no sentido de prevenir erosões e deslizamentos. Mas essas são apenas algumas dicas; procure e encontrará muito mais.

Em segundo lugar, mas de modo algum menos importante, devemos agir cobrando de nossos governantes ações efetivas para a coleta seletiva e reciclagem do lixo, coleta e escoamento eficiente das águas das chuvas, ações de fiscalização e impedimento da edificação de construções em áreas de risco, investimento em infraestrutura para as cidades de modo geral e investimento em moradias populares para as quais famílias desafortunadas possam ser remanejadas no médio e longo prazo.

A atitude passiva e o não envolvimento com essas questões resultarão em muitas outras tragédias como as citadas neste texto, por exemplo, as de Teresópolis, Niterói, Santa Catarina e Mariana. E depois nos restará apenas doar algum dinheiro, alimento ou agasalho para o próximo desastre que vier. Tomara que a nossa próxima doação seja apenas por solidariedade, e não por remorso, caso venhamos a nos dar conta de que não fizemos a nossa parte.

Ok, eu sei que apelei nesse final... Mas é verdade assim mesmo.

Bom dia, comunidade!

Bom dia, muito bom dia a todo orgulhoso morador da bela comunidade! Lugar de cultura e color humano, onde as pessoas se conhecem pelo nome, onde a simplicidade do modo de vida é característico. Casa do samba, lar do Carnaval e berço do *funk*!

Neste capítulo vamos falar de alguns aspectos e principalmente dos problemas que circundam a vida nas comunidades. Note que o texto a seguir utiliza um tom crítico e frequentemente trata os assuntos de forma **irônica**, tal como lemos nas crônicas. Então, por favor, peço que evite as interpretações **literais** durante a sua leitura. Na verdade, esse tom irônico é utilizado no livro todo, mas está sendo ainda mais utilizado neste capítulo. Tenha em mente que a abordagem aqui será menos objetiva e mais "livre". Uma abordagem mais ácida e que pretende expor a visão hipócrita com que nós, enquanto sociedade, enxergamos algumas questões – muitas graves. Esse tratamento ainda mais irônico e ácido, neste capítulo em especial, tem o objetivo de estimular em um grau maior a nossa reflexão sobre o quanto certas camadas sociais parecem "romantizar" a vida na comunidade, enquanto outras camadas, menos privilegiadas, sofrem com a triste realidade de ser abatida por problemas de grande seriedade. Esse ponto em especial, o da "romantização", é exatamente o alvo da crítica aqui colocada.

Estamos sempre assistindo às principais mídias do nosso país ressaltarem a importância da comunidade e da sua contribuição cultural para a nossa sociedade. Isso é de fato inegável! Até porque as comunidades hoje concentram um percentual expressivo da nossa população e, onde o brasileiro estiver, certamente haverá produção cultural. Afinal, o brasileiro respira cultura e arte! Cultura é algo impregnado no sangue do brasileiro!

As grandes redes de televisão investem tempo e dinheiro enaltecendo esses aspectos e, de certa forma, incentivando o morador da comunidade a amá-la incondicionalmente e a jamais sair de lá. Claro, quem desejaria sair de um lugar tão especial? Todos nós, inclusive grandes artistas e apresentadores de programas de TV, adorariam a oportunidade de morar, por exemplo, na Rocinha ou no Vidigal, não é? Pelo menos é essa a impressão que eu tenho ao assistir certos programas de TV que, de vez em sempre, abordam tais assuntos.

Além do mais, quantas vezes você, meu amigo leitor, já sonhou com a oportunidade de morar num lugar como esse? Pena que é preciso muita paciência e insistência, afinal, a fila de espera é enorme e ninguém quer sair de lá! Todos querem deixar seus condomínios de luxo para morar nas comunidades e aí, claro, não tem lugar para todo mundo.

Fazer o quê? Enquanto isso, espera-se em lugares menos interessantes como a zona sul do Rio de Janeiro, por exemplo.

Já que nem todos podemos acordar no morro, alguns de nós se contentam com a vista "menos cultural" da Lagoa Rodrigo de Freitas, de Copacabana, de Ipanema ou dos condomínios da Barra da Tijuca. Mas um dia seremos todos privilegiados e moraremos bem juntinhos, numa imensa comunidade que cobrirá todo o país, de onde ninguém desejará sair!

Hoje em dia a comunidade é um lugar tão maravilhoso para viver que, segundo as boas línguas, lá tem de tudo e é tudo muito barato ou até de graça. Você não precisa sair de lá para nada! Lá tem cursos de todo tipo, desde especialização profissional e idiomas até balé; tem internet grátis e de qualidade para todos; TV por assinatura com canais infinitos; áreas de lazer maravilhosas onde se podem jogar peladas épicas – inclusive existe até a "Taça das Favelas". Tem baile *funk*, samba e pagode a hora que você quiser. Dá para parar em qualquer lugar e tomar aquela cervejinha supergelada, assistindo a mulatas sensacionais sambarem com aquela destreza de rainha de bateria. E o papo *rola solto* até que a "alvorada lá no morro, que beleza"[46], nos vislumbre com o cenário impressionante de uma paisagem que nenhum Monet ou Van Gogh[47] seria capaz de pintar.

Quem nos dera que a vida nas comunidades fosse mesmo essa utopia de simplicidade, felicidade e liberdade... Todos conhecemos bem a realidade nesses lugares e a vida dessas pessoas. Além do mais, quando se precisa acordar cedo todos os dias, trabalhar duro e pegar conduções lotadas e precárias, não sobra tanto tempo, dinheiro e disposição assim para curtir a vida.

Porém, com tantas maravilhas que podemos assistir e ouvir **nas mídias**, fica até difícil imaginar por que o mundo inteiro

---

46 Trecho da música "Alvorada", de Cartola.
47 Monet e Van Gogh são dois grandes nomes da pintura "impressionista".

não é repleto de comunidades. Fica difícil imaginar também qual o motivo de os mais ricos e bem-sucedidos não serem "aceitos" lá. Se não, qual seria o motivo de não estarem todos no lar dos "sonhos" e da "alegria"? Muitos, inclusive, só conseguem comparecer de vez em quando, para buscar algumas ervas, raras, que parece não se encontrar em qualquer lugar. Essas ervas devem precisar de muita "cultura" para que sejam adequadamente armazenadas e conservadas. Ou será algum outro ingrediente? Qual o segredo eu não sei. Só sei que, seja qual for esse motivo especial, é lá que a mágica acontece!

É curioso como esse verdadeiro "negócio da alegria" precisa justamente daquele ambiente, "rico" e "cultural", para encontrar prosperidade. O comércio de produtos "interessantes e típicos", que fazem você "viajar" sem sair do lugar é um grande exemplo. A variedade é imensa e você pode encontrar o quanto quiser, pois a produção é farta! Mas não adianta procurá-los em padarias, farmácias e supermercados, pois não irá encontrá-los. Alguns "representantes" muitas vezes saem para levar essas "especiarias" aos menos afortunados com a sua oferta em portas de escolas, praças e praias, entre outros. Mas eles encontram dificuldade para compartilhar sua "cultura", pois nossa polícia opressora insiste em tratá-los com desrespeito e chega a usar de violência! Nossa polícia definitivamente precisa ser mais bem preparada para lidar com certos "aspectos culturais" em nossa sociedade.

É claro, não é só **cultura de verdade** o que se produz nas comunidades. Todos sabem disso, mas ninguém quer ver esses "outros produtos" sendo feitos e comercializados nas portas dos mais abastados, não é mesmo? E esse "ninguém quer ver", obviamente, inclui as autoridades governamentais e os próprios "abastados" dos quais falo. Pergunto-me, inclusive, se os que realmente comandam e lucram alto com tudo isso estão mesmo morando em alguma comunidade...

Mas, voltando às nossas ironias e à nossa polícia, para começar, acho que toda a nossa força policial deveria ser desarmada. O uso da violência é o que faz com que os moradores, **todos** cidadãos de bem dessas comunidades, precisem se armar para defender seu território. Por algum motivo que ninguém consegue explicar, nossa polícia opressora está sempre invadindo as comunidades e agindo de forma lamentável, com o objetivo claro de atrapalhar toda a "troca cultural" que ocorre nesses locais. O poder constituído está tão cego por mais poder que sequer se contenta em ver pessoas felizes dividindo suas "especiarias" e alegrias livremente. Por isso, constantemente envia seus agentes da opressão para propagarem a violência, o ódio e a intolerância. No fundo, acho que nosso governo gostaria de cobrar impostos pelo comércio de toda essa "alegria". Mas como não pode ou não consegue, fica insatisfeito e, por isso, age no sentido de impedir que todos vivam felizes. Agora me perdi, não sei até que ponto estou realmente divagando.

Os religiosos, que alguns dizem ser parte desse grupo de "preconceituosos intolerantes", tal como a "polícia opressora", também estão sempre por lá chateando os moradores e atrapalhando o comércio de "alegria". Dizem que, como são recalcados, contidos e presos a diversos tabus, eles querem transformar todas as outras pessoas em cidadãos oprimidos como eles. Geralmente abordam os felizes moradores das comunidades falando de amor, liberdade, família, compreensão e sobre uma vida melhor. Mas todos sabem que não existe vida melhor que aquela e, ainda menos, se você se permitir usufruir de todos os "aspectos culturais disponíveis".

Parece que a chateação dos religiosos é tamanha que certo dia ocorreu de um traficante, cidadão considerado por alguns (loucos) como uma espécie de "líder comunitário", assassinar um senhor. O tal senhor assassinado era pastor de uma igreja evangélica e o "importunava" com essas ideias que mencionei (amor, família etc.). Parece que, após fazer uma oração ou prece, o religioso deu a entender que poderia sacar uma arma ali, de repente, não dando ao traficante outra opção que não fosse executá-lo em legítima defesa. Como já dissemos, as "pessoas de bem" nas comunidades precisaram se armar para defender seu território de forças policiais opressoras. E, é claro, é muito comum que pastores de igrejas evangélicas disparem tiros após fazer uma oração, não é? Acho que esse traficante nunca tinha ouvido falar sobre como são as igrejas e o que fazem os líderes religiosos. Ou então a versão dele está bastante mal contada. Outra opção é que ele talvez estivesse com algum "outro assunto na ideia". Será? Se você não soube desse acontecimento, ele foi amplamente noticiado em novembro de 2016 pelos principais meios de comunicação[48]. Você pode conferir.

Vamos falar agora de outra grande maravilha advinda das comunidades. Estou falando do Carnaval e, em especial, dos seus "prazeres". Tais "prazeres" podem ser proporcionados (pelo menos sem grandes implicações legais) por poucas culturas e, por isso, são procurados por turistas do mundo inteiro bem aqui no nosso país. Eles têm o nosso povo como exemplo de simpatia, beleza e espontaneidade. Dessa forma, eles vêm anualmente

---

48 Algumas notícias sobre o fato: a) Jornal *Extra*, em 11/11/2016 (http://extra.globo.com/casos-de-policia/pastor-morto-quando-fazia-evangelizacao-de-traficantes-na-baixada-fluminense-20457130.html); b) Portal G1, em 12/11/2016 (http://g1.globo.com/rio-de-janeiro/noticia/2016/11/filho-de-pastor-morto-no-rio-diz-nao-querer-mal-assassino-do-pai.html).

em busca dessa riqueza que aparentemente só se encontra aqui. Eles "admiram" nossas mulheres que se apresentam durante os desfiles dessa festa incrível e exuberante. Elas são realmente tão lindas e admiráveis que pessoas do mundo inteiro vêm aqui "apenas para contemplá-las" e ficam fascinadas! As pessoas que vêm retornam ao seu país de origem dizendo a todos o quanto é maravilhoso vir aqui "apenas para contemplar" nossas lindas mulheres. Embasbacados com tais relatos de pura contemplação, outros sonham com a realização da mesma "fantasia cultural", e assim o ciclo segue ano após ano.

A admiração e o desejo de ver o nosso povo é tão grande que, em **raríssimas** situações, alguns não se contentam em apenas **contemplar** tamanha beleza. Eles parecem querer possuí-la a qualquer custo. E é por isso que alguns até chegam a contar boatos sobre "turismo sexual", "tráfico de pessoas" e até sobre "exploração sexual infantil". Frutos da imaginação fértil de invejosos, recalcados e preconceituosos. Eu nem precisava dizer... Afinal, toda pessoa mentalmente saudável sabe que isso não tem nada a ver e que pessoas maldosas existem em qualquer lugar do mundo. É por isso, inclusive, que nós, brasileiros, adoramos ir para aquela festa, semelhante ao nosso Carnaval, que ocorre lá nos EUA e também na Inglaterra e nos Emirados Árabes, não é? Qual é mesmo o nome dessa outra festa... Bem, eu não lembro. Mas deve haver alguma. Ou não?

Alguns entendem esses dias de festa como uma espécie de "licença" para fazer tudo o que desejam até sobrarem apenas cinzas! Beber e dirigir é uma dessas coisas. Está previsto, inclusive na Lei Seca[49], que durante o Carnaval é permitido beber e dirigir, não é verdade? Pelo menos é o que parece quando a

---

49 Lei que controla e restringe o uso de bebidas alcoólicas.

festa acaba e descobrimos que batemos um novo recorde! O recorde de violência no trânsito. Lamentável...

Mas é claro que a culpa de tudo isso não é mesmo **do Carnaval**, ou seja, da festa. Esse é só mais um evento cultural como muitos outros que existem em nosso país. Falando em bom português e de forma bem clara: a culpa não é do Carnaval, a culpa é nossa! Sabemos as consequências de nossos atos, mas não somente "toleramos quem faz", nós realmente fazemos essas coisas que sabemos: irão nos prejudicar pessoalmente e irão prejudicar tanto a nossa imagem quanto a nossa identidade cultural perante o mundo. E que coisas são essas? Coisas como desrespeitar nossas próprias leis, desrespeitar nossas mulheres e crianças, misturar álcool e direção e sustentar a **exploração** sexual[50], entre outras. Áreas mais carentes, como o seio das comunidades, são alvo fácil para esses dilemas por causa de fatores que vão desde a ausência do estado (com policiamento e fiscalização, por exemplo) até a sensação de impunidade que reina entre nós, quer seja no morro ou no asfalto.

Mudando novamente o foco da *prosa*, as comunidades não são admiradas apenas por turistas do mundo inteiro. Aqui mesmo, dentro do nosso querido Brasil, pessoas que não têm a chance de morar em um lugar tão especial gostam de realizar visitas periódicas. Principalmente uma **categoria profissional** muito simpática, que está sempre fazendo um passeio, cumprimentando as pessoas e beijando os bebês. Aliás, eles adoram bebês! Devem ter uma creche em casa!

---

50 Exploração sexual no Brasil é crime – Lei nº 12.015, de 7 de agosto de 2009 - – http://www.planalto.gov.br/ccivil_03/_ato2007-2010/2009/lei/l12015.htm. Observação: Não confundir "exploração sexual" com "prostituição", pois são assuntos diferentes.

Geralmente essas visitas ocorrem a cada quatro anos. Eles acham realmente que quatro anos é muito tempo para passar longe de pessoas que eles tanto amam. Mas coincidentemente as agendas parecem encontrar espaço para visitas apenas nesse período de tempo. Período esse que, por vezes, chega a ser místico em nossa cultura! ;-)

Esses profissionais simpáticos e muito bem intencionados, pessoas simples e humildes que passeiam pelas comunidades a cada quatro anos, costumam se importar tanto com as pessoas que fazem muitas **promessas** entre apertos de mão, abraços em amigos do coração, beijos em bochechas de bebês e nas testas dos idosos. Eles são tão inteligentes que aparentemente sabem como resolver qualquer problema da comunidade. Não há limites para o seu poder! Desde o botijão de gás acabando até novas escolas e hospitais melhores, esses bondosos senhores prometem resolver tudo! Mas algo estranho acontece, mesmo depois de tantas promessas, beijos, abraços e discursos... mesmo jamais se esquecendo das pessoas que mais amam, ou seja, os moradores das comunidades... mesmo tendo em seus corações o intento forte e latente de sempre fazer o melhor pela comunidade... enfim, parece que é impossível tornar a comunidade ainda melhor! E por quê? Simples, passam-se os anos e realmente nada muda! Inclusive não muda que dali a quatro anos o ciclo se renovará com mais uma volta em torno do *próprio rabo*.

Mas vamos falar também sobre o quanto as comunidades são um exemplo de engenharia e planejamento urbano. Embora ninguém tenha projetado, ou seja, a coisa foi apenas acontecendo... Veja como ficou tudo tão "funcional" e "bem bolado"! Quem dirá que não houve um plano diretor de urbanização daquelas regiões? Todos os caminhos parecem levá-lo ao destino pretendido, lá se usufrui de todos os serviços que um cidadão moderno poderia desejar, o transporte urbano é eficiente e foi resolvido com inovação; as *mototáxis* são uma ideia que deveria ser levada a todas as cidades do país!

Casas seguras e bem planejadas, mas com visual "urbano e simples", dão à paisagem um ar de cidade grande e desenvolvida. Quem não adora abrir a janela pela manhã e ver aquele verdadeiro mar de casas? Os tons alaranjado e cinza do acabamento típico dessas casas fazem saltar os olhos do observador que se vê absolutamente hipnotizado. Quem não sonhou em ter uma casa assim?

E quanto ao quesito segurança? O assunto já foi esboçado neste capítulo e as comunidades são um exemplo também nesse aspecto. Lá parece que as pessoas podem andar armadas, para reforçar a defesa pessoal. E além dos traficantes, geralmente comerciantes da região que andam fortemente armados, há também um policiamento especial chamado de "milícia". Essa força especial parece trabalhar em conjunto com os traficantes para manter a "Lei da Comunidade" em perfeito cumprimento e harmonia. Ah, sim, me esqueci de mencionar! Por ser uma região tão rica, extensa e forte, cada comunidade costuma ter leis próprias, assim como governantes próprios, já que o poder constituído parece não ter muita força e nem fazer muito sentido por lá.

A esta altura, evidentemente, você já está louco para se mudar também, não é verdade? Afinal falamos aqui de tantas maravilhas... Pois, então, não perca mais tempo! Vá agora mesmo ao *site* de imóveis de sua preferência e comece a procurar! Há acomodações para todos os bolsos. Há, inclusive, quem venda sua laje! Isso mesmo, a laje da sua casa como se fosse um terreno para que outro possa construir sobre ela. Entenda como uma forma de "prédio residencial colaborativo". Cada um vem e faz seu próprio andar, do modo que preferir e até onde Deus permitir! É um conceito bastante moderno, nada de construtoras ou engenheiros para encarecer a obra que, diga-se de passagem, é uma coisa que qualquer um pode fazer.

Acredito que, depois desta leitura, você esteja pensando no quanto o autor deste livro é louco. Ou, se entendeu bem o texto, esteja pensando no quanto de fato constituímos uma sociedade cheia de hipocrisias. Pelo menos era esta a minha intenção ao escrever, ou seja, fazer refletir sobre a hipocrisia em torno desse assunto. Espero que tenha considerado até aqui o que foi colocado no início do capítulo, sobre o tom irônico elevado com o intuito de, entre outras coisas, evidenciar a questão do romantismo sobre a vida na comunidade, que é uma espécie de discurso velado e fato observável em alguns programas de rádio e televisão e também nos discursos de alguns artistas.

Esse tal "discurso velado" a que me refiro é todo aquele que nos remete à ideia de que "a comunidade é o melhor lugar no mundo para viver", enquanto, na verdade, ninguém quer deixar o "bairro nobre" e se mudar para lá. É claro que muitos moradores, nascidos e criados nas comunidades, têm real apego, carinho e amor pelo lugar onde nasceu e cresceu. Assim como eu tenho até hoje pelo morro onde eu nasci e cresci. Tanto que até o momento mantenho minha casa em Duque de Caxias e, mesmo causando perplexidade em muitos que me conhecem, ainda vou para lá todo final de semana. Nunca enxerguei o morro onde morava como uma favela e muito menos consigo vê-lo assim agora que "temos tudo". Mas lá sempre foi um lugar muito pobre. Quando criança, não tínhamos saneamento básico, água encanada e nem outros recursos básicos de qualquer cidade. Ainda assim muitos de nós estávamos realizados lá, inclusive eu.

Mas um dia comecei a ver como eram os outros "lugares para morar" e então comecei a vislumbrar como seria se eu pudesse morar nesses outros lugares. Imagine só, achei que poderia ser melhor, talvez quem sabe, se eu morasse perto da praia. Besteira, claro! O meu morro sem asfalto, água e esgoto era muito melhor!

E é por causa dessa ideia ou desse discurso velado, de que o morador da comunidade será muito mais feliz se permanecer por lá mesmo, que até o nome usado para se referir a tais lugares mudou. Lembro que antigamente nós chamávamos de "favelas" o que hoje chamamos de "comunidade". O nome está caindo em desuso devido ao politicamente correto, claro. E hoje muita gente não quer mais usar essa palavra feia e pouco agradável.

Mas independentemente do nome, o fato continua. Embora exista inegavelmente a maioria trabalhadora e honesta que acorda cedo, pega condução lotada e trabalha muito para se sustentar, também há nas comunidades, que são áreas carentes da atenção do estado e de infraestrutura básica, muita atividade criminal e muita violência. E o mais importante: qual artista ou apresentador de TV trocaria seu belo apartamento ou casa em bairros nobres para morar em qualquer delas? Talvez exista mesmo um ou outro caso, o ser humano é bastante diverso. Mas nem de longe podemos classificar esse comportamento como uma "tendência" ou "movimento de mudança social". Se eles existem, são o que são, ou seja, casos isolados.

É preciso admitir, para nossa própria saúde social e mental, que a favela não é um lugar tão bom assim para viver; que lá o cidadão de bem vive, em geral, em péssimas condições; que falta em muitas delas até mesmo saneamento básico; que lá há doenças provocadas por péssimas condições de vida, por lixo nas ruas, por valas negras a céu aberto, por ratos, insetos, pobreza, drogas e miséria. É preciso admitir que o poder paralelo é quem manda e que a violência imposta às famílias que lá residem é cruel. Conheci pessoas que foram expulsas de suas casas por traficantes que simplesmente decidiram morar nelas. Há áreas que, inclusive, não eram dominadas pelo tráfico, mas que, de repente, passaram a ser.

A favela não é o berço da nossa cultura e nós deveríamos nos revoltar e brigar ao ouvir coisas como essas. Lá há cultura como em qualquer lugar onde o brasileiro habita. E já tínhamos cultura muito antes de termos favelas. Não precisamos viver em favelas para termos uma cultura mais diversa e mais rica. A maioria das favelas teve a sua formação ligada a **problemas sociais graves** como grande concentração nas cidades, êxodo rural, falta de oportunidades para todos, ausência do estado e pobreza.

Para complementar o que estou dizendo, vou lhe apresentar um fato importante. O surgimento de favelas é um **problema** relativamente recente. Estima-se que a **mais antiga do Brasil** tenha surgido em 1897 e seria o Morro da Providência, no Rio de Janeiro. Essa favela teria se formado devido à grande quantidade de soldados da Guerra de Canudos que desembarcaram no RJ e à grande concentração de negros, ex-escravos, em busca de trabalho. **Todos eles sem moradia e com futuro incerto**.

A ausência do estado causou a aglomeração dessas pessoas na região que hoje é o Morro da Providência e, consequentemente, o surgimento daquela favela. Em 1904 o governo decidiu fazer "algo", ou seja, tentou fazer a remoção da favela. Atenção à palavra **remoção**. Mas foi frustrado por uma revolta popular[51].

Quer conhecer a história de outra favela? Um bom filme para se assistir, que conta uma dessas histórias, é o filme "Cidade de Deus", lançado em 2003. Se você não o assistiu, fica a minha recomendação.

Note que estamos falando de no máximo 120 anos, num país com 500 anos de formação. Não tínhamos cultura antes disso? E esses ex-soldados e ex-escravos do Morro da Providência, você não acha que eles mereciam algo melhor do que receberam como prêmio? E para piorar, continuamos repetindo viciosamente esse erro durante os últimos 120 anos. Só que agora, para não parecer tão feio, passamos a usar palavras bonitas para descrever o cenário caótico de uma favela. Também passamos a dizer, de repente, que a favela, ou melhor, a comunidade, é um lugar maravilhoso e cheio de cultura, do qual todo morador deve se orgulhar e de onde jamais deve sair. Por que será que esses discursos politicamente corretos surgiram de repente? Será que existe um grupo de pessoas realmente preocupadas com os sentimentos dos moradores das comunidades? Eu sinceramente nunca acreditei em Papai Noel e também não acredito nisso. Acho que os motivos são outros. Mas vou deixar você imaginar quais são.

---

51 Mais informações sobre a favela Morro da Providência e fatos históricos sobre seu surgimento podem ser obtidas no Portal do G1, na matéria "Conheça a história da 1ª favela do Rio, criada há quase 120 anos", publicada em 12/01/2015, no endereço: http://g1.globo.com/rio-de-janeiro/rio-450-anos/noticia/2015/01/conheca-historia-da-1-favela-do-rio-criada-ha-quase-120-anos.html.

Hoje temos centenas de favelas em nosso país, todas oferecem péssimas condições de vida e todas tiveram uma história semelhante, ou seja, pessoas **sem opção** foram se aglomerando até se formarem as favelas que conhecemos atualmente.

Quantas mais precisarão se formar até que comecemos a lutar e a protestar contra isso? Quantos mais precisarão ser expulsos de casa, assassinados com requintes de crueldade e condenados a uma sobrevivência cheia de restrições, até mesmo do direito de ir e vir, para que voltemos a tratar desse assunto como ele merece ser tratado, ou seja, com **seriedade e indignação**? Afinal, viver na favela é de fato sinônimo de viver com privações e pobreza; é sinônimo de levar uma vida recheada de preconceitos e de marginalização; é sinônimo de crescer sem a devida assistência do estado, sem acesso à saúde e à educação de qualidade como se tem em outros locais e sem uma ampla expectativa de carreira e futuro profissional. Afinal, que chances tem o filho do pobre, morador de uma favela, no mercado de trabalho se comparado ao filho da classe média (nem falo aqui do filho do rico)?

Bem... Discursos bonitos e politicamente corretos à parte, embora tenha que respeitar todos eles... Eu não quero criar o meu filho na favela com o tráfico, a vulgarização do sexo e a violência. E você, quer criar o seu? Se também não, então acho que chamar de comunidade não é o suficiente. Acho que algo nesse discurso está muito errado e precisa mudar.

O agronegócio é a nossa maior riqueza!

De uns tempos para cá, uma grande rede de televisão aberta vem falando sobre o agronegócio, e isso você já deve ter notado. Até então, o assunto quase não era abordado, pelo menos não com o público em geral e muito menos numa rede de cadeia nacional. Apenas alguns mais esclarecidos entendiam e se interessavam pelo assunto e, é claro, as próprias pessoas envolvidas nesse tipo de negócio.

Mas ainda me pergunto se todos já sabem do que se trata. Por via das dúvidas, vamos começar explicando o assunto para quem não o conhece. O agronegócio é, em resumo, o conjunto das atividades que envolvem toda a cadeia produtiva e de distribuição dos produtos da pecuária e da agricultura. Desde a criação ou plantação, passando pela produção de insumos como rações e fertilizantes, até a comercialização dos produtos finais. A pecuária, por sua vez, é a criação de animais para o consumo humano, desde a carne até leite e ovos, por exemplo, mas não exclusivamente. E a agricultura, como todos sabem, é a atividade que utiliza o solo para o cultivo de vegetais com vistas ao consumo humano.

Enfim, agronegócio é um nome bonito para se referir a tudo o que está ligado à criação de animais e ao cultivo de vegetais, incluindo toda a parte de logística e distribuição até a venda ao consumidor final. Ou seja, aquilo que o homem faz há milênios, só que agora com muito mais tecnologia e pesquisa envolvida para maximizar a produção, utilizar cada vez menos espaço e aumentar os lucros.

Agora que todos já entendemos do que se trata o assunto, vamos ao que interessa. Será que toda essa propagando sobre o agronegócio é verdadeira? Sim, é de fato. O Brasil está em posição privilegiada com relação ao agronegócio. Hoje ele é mesmo a nossa maior riqueza, até porque a Petrobras, que poderia tomar essa posição, está de mal a pior. Segundo consta na página do Ministério da Agricultura[52], o Brasil é o primeiro produtor e exportador no *ranking* mundial de café, açúcar, etanol e suco de laranja. E ainda lidera o *ranking* de vendas do complexo soja (farelo, óleo e grão).

Para citar alguns dados interessantes e para você ter ideia do que o agronegócio representa para nós, brasileiros, vamos analisar alguns números de 2015. Para começar, houve crescimento nesse setor de 1,8%, mesmo em meio à crise, enquanto outros setores tiveram queda como a indústria (queda de 6,2%) e serviços (queda de 2,7%)[53]. A então ministra da Agricultura, Pecuária e Abastecimento, Kátia Abreu, declarou: "temos que louvar o agronegócio". Uma colocação interessante, já que, se

---

52Dados disponíveis no endereço: http://www.agricultura.gov.br/vegetal/estatisticas.
53Dados divulgados pelo Portal Brasil em: http://www.brasil.gov.br/economia-e-emprego/2016/03/pib-do-agronegocio-cresceu-1-8-em-2015.

não fosse o setor, nem imagino como estaria a nossa economia já bastante afetada.

Outro dado "salvador", que também merece nosso "louvor", foi o da geração de mais de 9 mil empregos pelo agronegócio, enquanto muitos setores demitiram. Houve, inclusive, uma enxurrada de demissões em massa[54]! Mais uma excelente notícia foi a do recorde de produção agropecuária, que alcançou 209,5 milhões de toneladas. O agronegócio em 2015 correspondeu sozinho a 46,2% de tudo o que foi vendido pelo Brasil ao exterior[55], muito embora ainda tenha ocorrido queda na balança comercial, com relação a 2014, que fechou em US$ 96,7 bilhões em relação aos U$ 88,2 bilhões de 2015 – uma queda de 8,8%[56], atribuída, principalmente, à queda de preço de alguns produtos no mercado internacional.

Bom, acho que basta de números. Você já entendeu o quanto o agronegócio é importante e lucrativo para nós e já conseguiu imaginar também como estaríamos se não fosse ele.

Todo esse sucesso se deve a diversos fatores. Nosso território é vasto e diversificado, o que é uma grande vantagem. Não precisamos cultivar no deserto como os israelenses, por exemplo. Temos boa reserva de água doce, clima favorável em muitas regiões e terra fértil, tudo concedido pela natureza e, para os que acreditam como eu, pelo Criador! Nós que aqui estamos não fizemos nada para merecer esta terra tão rica. Então, ela é como um grande presente para a nossa geração.

---

54 Veja, por exemplo, a matéria da *Folha de S. Paulo*, no endereço: http://www1.folha.uol.com.br/mercado/2015/12/1721248-demissoes-em-massa-impulsionam-reclamacoes-trabalhistas-no-pais.shtml.
55 Dados divulgados pelo Portal Brasil em: http://www.brasil.gov.br/economia-e-emprego/2016/01/agropecuaria-se-destaca-e-gera-9-8-mil-empregos-em-2015.
56 Dados divulgados pela Agência Brasil: http://agenciabrasil.ebc.com.br/economia/noticia/2016-01/exportacoes-do-agronegocio-caem-em-2015-e-ficam-em-us-882-bilhoes.

No máximo podemos dizer que alguns de nossos antepassados lutaram por ela para, por exemplo, libertá-la do império português. Logo, para nós, esta terra é realmente uma benção e uma dádiva divina!

Mas então por que será que o Brasil está em dificuldades? Por que não somos e nem nunca fomos uma potência mundial, já que somos tão ricos e até produzimos esses mais de 209 milhões de toneladas em produtos agropecuários? Um grande recorde, não é mesmo?! Sim, é claro que é. Contudo, há países mais ricos do que nós e eles não possuem as terras que nós temos para plantar e criar rebanhos. Pelo menos não com a mesma extensão e/ou qualidade que temos aqui. O que será que eles fazem então? Bom, eles fazem outras coisas... E eles têm mercados ainda mais interessantes e lucrativos do que o nosso riquíssimo agronegócio.

Vamos dar uma olhadinha então nesses "mercados interessantes" que podemos encontrar por aí? Peço a você que, a partir deste ponto, mantenha em seu coração e mente qual é o nosso objetivo aqui, ok? Não estaremos tecendo uma crítica ao agronegócio em si. Eu também o estou "louvando", pode acreditar! A crítica é ao fato de termos o agronegócio como a nossa "maior riqueza" e, atualmente, praticamente a única riqueza! Já que conseguimos falir a Petrobras, uma grande proeza, não nos esqueçamos nunca disso, vou ser chato e *jogar isso na nossa cara* o tempo todo.

Em outras palavras, a crítica é precisamente a seguinte: por que diabos não estamos participando de outros mercados igualmente ou ainda muito mais interessantes? Estamos faturando com a "dádiva que recebemos", quer seja da natureza, quer seja de nossos avós, quer seja do Criador – como você preferir. Louvado seja o agronegócio, aleluia! Mas por que parar por aí? Afinal, temos tantas contas a pagar e impostos tão caros… E como se já não bastasse esse argumento, aí vai outro: o que faremos se, de repente, a lavoura não der o que foi esperado? Acredito que seria muito bom, nesse caso, termos alguma outra fonte de renda, ou melhor, alguma outra grande riqueza. O que você acha?

Para começar nossa busca por novos mercados, gostaria de apresentar a você, por exemplo, o mercado de **Tecnologia da Informação**, também conhecida carinhosamente pela sigla **TI**. A produção não é medida em toneladas, mas garanto-lhe que esse mercado tem muito mais "peso" do que todas as nossas 209 milhões de toneladas de 2015. Com certeza!

Com a produção de 2015, faturamos um "dinheirinho" em exportações que, quando citei alguns parágrafos acima, parecia uma montanha sem fim com incríveis US$ 88,2 bilhões. Mas esse dinheiro, na verdade, não dá para pagar sequer o que o governo americano gasta **por ano** com Tecnologia da Informação. Sabe de quanto estamos falando? De inimagináveis (para nós) US$ 200 bilhões – e isso é por ano! O nosso faturamento com exportações de produtos agropecuários daria para pagar só o que eles gastam com *softwares*, a bagatela de US$ 60 bilhões. Só que, na verdade, esse mercado é ainda bem maior. O gasto somente dos **governos do mundo** todo perfaz um total de **US$ 430 bilhões por ano em TI**, com previsão para alcançar os US$ 467 bilhões até 2019[57]. Quanto ao mercado de TI global, ele está estimado em **US$ 2,4 trilhões em 2016**, com

---

57 Dados publicados no *site* Convergência Digital, em 2/10/2016, no endereço: http://convergenciadigital.uol.com.br/cgi/cgilua.exe/sys/start.htm?UserActiveTemplate=site&infoid=43661&sid=5.

previsão de crescimento para **US$ 2,7 trilhões em 2017**[58]. Ou seja, trata-se de um mercado em plena expansão. Pena que nós não participamos desse mercado trilionário...

Não preciso nem dizer que, quando falamos em "governos do mundo inteiro", estamos incluindo também o Brasil. O governo do nosso país, como todos os outros, é um consumidor desse mercado. Infelizmente não consegui encontrar dados mais recentes sobre gastos do nosso governo com TI, mas consegui encontrar em vários *sites* a notícia dada pelo TCU (Tribunal de Contas da União) de que o orçamento federal de TI foi de R$ 16 bilhões em 2014[59]. Não soa como os US$ 200 bilhões do governo dos EUA, até porque somos uma economia totalmente diferente. Mas ainda assim temos que plantar e colher muito para sustentar este país do agronegócio, você não acha? Em se tratando de gastos totais, não só falando de governo, nossa previsão para 2017 é de gastar R$ 236,1 bilhões. É bastante dinheiro para pensar que boa parte dele vai compor o lucro de empresas no exterior, e não de empresas aqui dentro do nosso país. Dinheiro dos nossos suados café e soja para o mundo tecnológico.

Infelizmente esse mercado superinteressante de US$ 430 bilhões em produtos e serviços de TI, em especial os US$ 60 bilhões somente em *softwares* para o governo americano não é, como se diz, *para o nosso bico*. O motivo é que nosso investimento em educação e pesquisa tecnológica e o apoio governa-

---

58 Dados publicados no *site* Convergência Digital, em 31/10/2016: http://convergenciadigital.uol.com.br/cgi/cgilua.exe/sys/start.htm?UserActiveTemplate=site&infoid=43906&sid=97.

59 Dados publicados no *site* Convergência Digital, em 15/9/2015: http://convergenciadigital.uol.com.br/cgi/cgilua.exe/sys/start.htm?UserActiveTemplate=site&from_info_index=101&infoid=40626&sid=11.

mental à iniciativa privada para investimento nesses mercados são ridículos. Nada que seja capaz de nos tornar competitivos, nem sequer medíocres participantes desse mercado, no cenário internacional.

Enquanto plantamos e colhemos e criamos rebanhos, sem pensar muito em diversificar nossos investimentos, outros países produzem *softwares* e tecnologias como *inteligência artificial* e *computação em nuvem*. Eles investem mais, logo é justo que faturem mais. Mas na humilde opinião deste escritor, acho que já passou da hora de alçarmos voos mais altos. Devemos ter em mente que nós, brasileiros, somos inteligentes e criativos o suficiente para, além de plantar e colher, também criarmos tecnologias incríveis e exportá-las para o mundo.

Essa não é evidentemente apenas a opinião deste humilde cidadão que vos escreve. Pessoas mais bem conceituadas e capacitadas para falar do assunto, como, por exemplo, o Sr. George Newstrom, gerente geral da Dell para serviços governamentais, também pensam de forma semelhante. Recentemente, em outubro de 2016, ele abriu o Congresso Mundial de Tecnologia da Informação, em Brasília, e deu um conselho bem parecido. Segundo noticiado no *site* Convergência Digital[60], ele esteve por lá encorajando o empresariado brasileiro a apostar nas vendas de serviços e produtos de TI para o governo federal dos Estados Unidos. Além do alto cargo, ele tem mais de 20 anos de experiência lidando com governos. Então, acho que vale a pena dar algum crédito à opinião dele. E você, o que acha?

60Dados publicados no *site* Convergência Digital, em 2/10/2016, no endereço: http://convergenciadigital.uol.com.br/cgi/cgilua.exe/sys/start.htm?UserActiveTemplate=site&infoid=43661&sid=5.

Ok, vamos fazer de conta que estou convencido – você pode estar pensando. Mas como podemos então entrar num mercado como esse? É uma pergunta justa. Não somos uma economia como os EUA ou como alguns países europeus que já estão nesse mercado. Eu responderia de imediato o óbvio, ou seja, que isso não é fácil como nada na vida. Mas se outros conseguem, por que nós não vamos conseguir? É claro que podemos. Porém, toda conquista exige luta.

De um lado, para começar essa luta, precisamos nos interessar mais por ciência e tecnologia. Não respiramos muito isso por aqui. Não importando qual a idade ou posição social, precisamos começar a buscar artigos sobre esses assuntos na internet, e não só as redes sociais como o Facebook para passar o tempo. Precisamos incentivar nossos filhos a assistirem a programas sobre ciência e tecnologia, e não só ao BBB ou ao Ben 10. E, é claro, precisamos assistir com eles – nada de *faça o que eu digo e não faça o que eu faço*.

Precisamos procurar aprender sempre coisas novas, fora da nossa zona de conforto. Isso nos dará a chance de descobrir muito mais coisas de que gostamos, mas que nem mesmo sabíamos que existia. Investir na formação curricular básica é importante, mas também precisamos buscar outros assuntos. Enfim, precisamos mudar um pouco a nossa cultura. Ela está distante desse novo mundo tecnológico e isso se torna uma grande barreira para nós como povo que somos. As pessoas em geral costumam achar tudo isso "muito chato" ou "muito difícil" e, também por isso, mas não exclusivamente, passam simplesmente a ignorar esses assuntos. Sem dúvida, isso é o que elas irão ensinar, querendo ou não, conscientes ou não, a seus filhos. E depois ainda vão achar que **esses filhos** devem tirar boas notas na escola. Sem chance! Só se a criança for muito *fora da caixinha*, um superdotado, para se tornar um gênio mesmo crescendo num ambiente onde esteve a vida inteira desligada de assuntos, digamos, de conteúdo mais relevante.

Por favor, peço que você, amigo leitor, deixe de lado neste momento a questão da miséria e o fato de que existem pessoas sem nenhum acesso à informação. Obviamente esse é outro assunto e essas pessoas estão em menores condições de refletir sobre isso. E tampouco têm acesso a livros como este. Logo, os conselhos dados nos últimos parágrafos não são evidentemente para essas pessoas.

Por outro lado, para continuar nossa luta por um lugar ao sol no mercado de TI, mas não exclusivamente, devemos exigir de nossos governantes mais investimento em educação. Ele é de grande importância para que nossos filhos tenham formação adequada para, no futuro próximo, poderem encarar o mercado competitivo e diversificado que encontrarão pela frente. E isso, é claro, independentemente de se vão ou não seguir carreira na área tecnológica.

No quesito educação, não precisamos somente de escolas, precisamos exigir atualização constante do plano curricular, modernização dos métodos didáticos utilizados e reciclagem dos profissionais da educação, que, além de muito mal pagos, estão muitas vezes com seu conhecimento totalmente defasado. Se eles não têm sequer salário digno, como poderão investir em atualização profissional?

Eleger representantes com foco em educação, contribuir com as escolas no que for possível (desde trabalho social voluntário até palestras e cursos gratuitos) e exigir melhores condições, tanto salariais quanto de trabalho, para os nossos professores, é o mínimo que podemos fazer. Eles são a chave para mudarmos o nosso país. Deles virá uma revolução ou, simplesmente, mais do mesmo. Este último, mais do mesmo, é o que temos recebido enquanto conformados. É também o que continuaremos a receber se não mudarmos de atitude.

É claro que o mercado de TI não é a única possibilidade. Escolhi-o para dar foco por causa da relevância e da presença desse mercado, na rotina de todos nós, enquanto vivemos a *era da informação*. Além disso, é um dos mercados com maior crescimento e faturamento hoje no mundo. Mas para não ficar somente nesse exemplo, vamos citar, com menos ênfase, outros mercados bilionários e promissores nos quais poderíamos entrar ou participar mais ativamente.

O mercado de crédito de carbono, apesar de andar em baixa desde o início da crise mundial, é um mercado que tende a crescer no futuro não muito distante. E ainda assim, mesmo em baixa, é um mercado mundial e bilionário. Esse mercado está ligado a questões de meio ambiente. Mais especificamente falando, ele trata da redução da emissão de gases poluentes em nível global. Ele foi criado a partir da assinatura do Protocolo de Quioto em 1997, um tratado internacional. O mercado de crédito de carbono passou a funcionar a partir do ano 2000. A forma de ganhar dinheiro nesse mercado é basicamente a criação e a implantação de projetos que possam efetivamente diminuir a emissão de gases poluentes, chamados de projetos MDL, gerando créditos que podem ser comercializados no mercado internacional. Basicamente, cada tonelada de CO_2 retirada da atmosfera equivale a um crédito de carbono que pode ser vendido.

O Brasil chegou a investir nesse mercado e, em 2012, esteve na terceira posição do *ranking* mundial, com 5% de participação. O governo deu, com orgulho, essa notícia no Portal Brasil[61]. Nessa época, falava-se de um mercado de US$ 176 bilhões e em pleno crescimento[62]. Veja a seguir o gráfico retirado do *site* Brasil Economia e Governo.

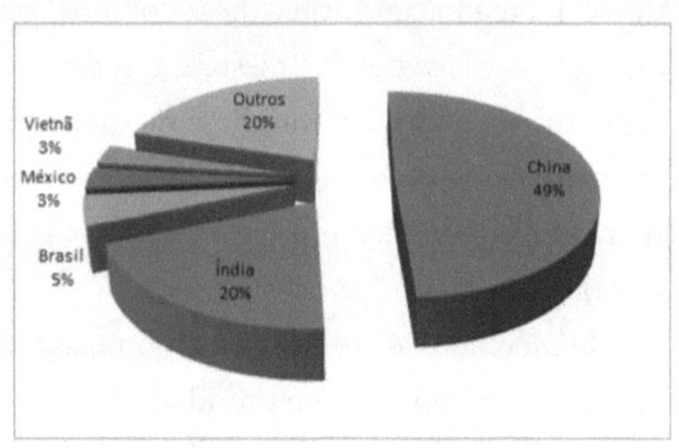

País	Quantidade
China	2127
Índia	855
Brasil	204
México	141
Vietnã	127
Outros	875
Total	4329

FONTE: *Site* Brasil Economia e Governo – www.brasil-economia-governo.org.br.

Apesar de não ter conseguido dados mais recentes sobre a participação do Brasil nesse mercado, podemos perceber pelas notícias que as coisas não andam a passos tão largos. Além do mais, a terceira posição alcançada em 2012 se deu com uma participação muito tímida do mercado. Os meros 5% dessa participação demonstraram apenas que os demais países, abaixo de nós, estavam muito piores, mas que o mercado, de fato, era dominado por dois gigantes acima de nós, que são a China e a Índia, que, sozinhos, possuem 69% de participação.

61 Nota sobre a participação do Brasil no mercado de crédito de carbono. Disponível em: http://www.brasil.gov.br/meio-ambiente/2012/04/entenda-como-funciona-o-mercado-de-credito-de-carbono.
62 Dados publicados no *site* Brasil Economia e Governo e disponíveis em: http://www.brasil-economia-governo.org.br/2012/08/13/o-que-e-o-mercado-de-carbono-e--como-ele-opera-no-brasil/.

O Brasil tem apresentado boa participação em convenções e reuniões sobre o meio ambiente, mas não tem sido muito eficiente quando o assunto é ganhar dinheiro com as oportunidades. Além do mais, novamente, é preciso investir pesado em pesquisa e educação, pois serão as pessoas qualificadas que terão possibilidade de criar, implantar e gerir negócios de sucesso nesse e em outros mercados. E se não tivermos profissionais prontos para esse trabalho, seremos apenas **palco** para que outros (estrangeiros) possam atuar e ganhar bilhões, talvez deixando uns trocados para nós.

Mais um mercado interessante, também ligado à área tecnológica, é o mercado de Inteligência Artificial (IA). Trata-se de um mercado estimado a movimentar US$ 23,4 bilhões até 2025, com crescimento anual de 53,65% até 2020 e de 44,3% daí até 2025[63]. Nada mal, não acha? Se começarmos a investir agora... quem sabe ainda pegamos uma fatia? O mais incrível sobre esse mercado é que ele mudará vários outros mercados de forma radical. A inteligência artificial não é mais ficção científica, é uma realidade! E ela vai atuar em diversas áreas profissionais, desde a saúde até o *marketing*. As previsões são de que em breve o mundo será bastante diferente.

Falando um pouco mais sobre meio ambiente, podemos citar o mercado da reciclagem e o da energia limpa – podemos ser uma verdadeira potência em produção de biocombustível. Voltando ao petróleo, ainda temos muito dele para vender, se conseguirmos, é claro, recuperar a Petrobras; em especial, se desenvolvermos nossa própria tecnologia para exploração de áreas profundas como a do pré-sal.

---

63 Dados publicados pela Computer World: http://computerworld.com.br/mercado-de-inteligencia-artificial-movimentara-us-23-bilhoes-em-2025.

O mercado farmacêutico, no qual o Brasil tem boa participação, poderia dar ainda mais resultados para nosso povo se tivéssemos mais empresas nacionais e investimento em pesquisa nas nossas ricas florestas, por exemplo.

Enfim, vamos ficar por aqui. Acho que consegui demonstrar, se é que precisava, o quanto existem opções de mercados no mundo além do agronegócio. Ainda vivemos aquele velho dilema de vender matéria-prima e importar produtos industrializados e tecnológicos. Lembro-me de ter estudado isso em geografia no primeiro grau, mas parece que nem todos prestaram atenção a essa aula, principalmente os nossos governantes, que insistem em dar foco apenas a um tipo de mercado e em não enxergar ou, pelo menos, olhar com uma visão míope as oportunidades que se apresentam diante de nós.

Eu nem mesmo quis criticar neste tópico o empresariado brasileiro, pois acredito realmente que esse problema depende de investimento do governo em pesquisa científica e em educação para encontrar solução. Se algum empresário bem intencionado resolver investir aqui em certos mercados, ele encontrará muita dificuldade para contratar mão de obra especializada. Além das questões fiscal e trabalhista, que, por si só, são suficientes para inviabilizar vários negócios.

Mesmo com os avanços que tivemos nos últimos anos, abrir uma empresa no Brasil ainda é um grande problema e custa caro para muitos. E o pequeno empresário ainda paga tributos sem muita diferença com relação às grandes empresas. Isso tudo é uma enorme âncora para o crescimento da iniciativa privada e, consequentemente, do nosso país.

Gostaria que você levasse deste capítulo não os números e referências que foram apresentados. Gostaria que você guardasse com carinho a ideia principal que é o quanto precisamos repensar a nossa visão de mundo e a nossa relação com os mercados internacionais e o quanto precisamos aplicar em investimento pessoal e social na educação. Parece algo muito complexo e pomposo, mas não é.

Vivemos em um mundo globalizado e esses assuntos fazem parte do nosso dia a dia, quer nos interessemos por eles ou não. Em breve, diversas profissões vão morrer, e uma delas pode ser a sua. E coisas estranhas como inteligência artificial e robôs farão o que era o nosso trabalho antes. Podemos nos preparar e fazer parte da mudança ou podemos continuar olhando do fim do túnel os que já alcançaram a saída, desfrutando muito mais do calor do sol. Onde você quer estar?

Considerações Finais

Em primeiro lugar, quero agradecê-lo por sua atenção e por ter me "ouvido" até aqui. Isso é um bom sinal para nós dois. Para mim, porque tive a honra de compartilhar minhas ideias, argumentos e opiniões. E para você, porque isso demonstra a sua paciência e perseverança, ou não chegaria até este ponto. ;-)

Então gostaria de me utilizar de mais um pouco da sua atenção para colocar meus últimos apontamentos sobre os assuntos abordados. Falamos sobre algumas poucas questões sociais, entre tantas possíveis, mas procurei apresentar aquelas que considero serem mais de nossa "estima". Em outras palavras, são problemas que estão conosco há tanto tempo que já parecem ser "parte da família". Deixa ele aí, já estamos acostumados, sabe… Resolve ele não, tadinho.

Temos um pouco dessa postura conformista, algo que parece fazer parte das gerações mais recentes, já que, quando olhamos para a nossa história, encontramos tantas lutas e conquistas. Mas hoje parece que o máximo que fazemos é uma passeata em alguma avenida importante e, depois de poucas horas, vamos embora, cada um para o seu lado, com o falso sentimento de que "fizemos a nossa parte".

Poderia citar exemplos aqui que, acredito, mostram que nos conformamos muito facilmente, mas não farei isso. Deixo para você o trabalho de recordar fatos recentes com relação aos quais até fizemos alguma coisa, ganhamos um tempinho, mas depois... a passagem de ônibus voltou a aumentar, o salário da categoria ficou como estava ou aquele político que todos queriam ver preso acabou ficando solto e ninguém falou mais no assunto. E as promessas de campanha? E as ajudas para recuperar casas destruídas que nunca chegaram? E aquela creche ou hospital perto da sua casa que nunca saiu do papel? Será que estamos exigindo o suficiente ou será que estão nos levando muito fácil?

Enfim, parece que esse tem sido o nosso comportamento-padrão, e isso pode ser uma das explicações para aquele nosso velho comentário de que "nada nunca muda" e aquele outro famoso que é "este país não tem jeito". Ele, na verdade, somos **nós**. Você acha que **nós** não temos jeito? Muitas vezes eu também acho, e isso é uma infelicidade para mim e para você. O motivo? Se nós não acreditarmos em nós mesmos, dificilmente nos levantaremos para fazer alguma coisa mudar.

Você deve ter observado que em todos os capítulos falamos de três pontos principais. O primeiro foi sobre a nossa responsabilidade, enquanto sociedade, nos problemas apresentados, ou seja, a nossa parcela de culpa. Em segundo lugar, a parte em que entra a culpa dos nossos governantes. E em terceiro, mas de modo algum menos importante, como a educação pode contribuir para uma mudança em todos esses problemas. Talvez eu tenha conseguido até ser chato em pelo menos dois desses três pontos. E realmente espero ter sido, dada a importância deles. Os dois que considero mais importantes são o primeiro e o último citados, ou seja, a nossa parte da culpa e a questão da educação.

Peço que você me conceda mais esta oportunidade de falar então desses dois pontos. E considero esses mais importantes que aquele outro, ou seja, a responsabilidade dos nossos governantes, porque, se nós mudarmos, eles também mudarão. Nossa mudança será refletida em tudo o que nos cerca, inclusive neles.

Talvez você esteja me achando romântico demais com este discurso e, talvez, até ingênuo. Respeito sua opinião. Mas peço que considere um detalhe importante: são os otimistas que alcançam seus sonhos e que mudam o mundo; não todos os otimistas, é claro. Mas essa é uma característica básica que precisamos ter. Quando o copo está meio cheio em vez de meio vazio, isso faz toda a diferença em nossas vidas.

Então vamos imaginar que comecemos a acreditar e a nos preparar, investindo em educação e em debates construtivos no meio de nossos amigos e no horário do almoço no trabalho. Vamos imaginar que passemos todos a sonhar com um futuro melhor em vez de gastarmos mais tempo reclamando das coisas do que tentando fazer a diferença. Dê-me pelo menos um pequeno crédito, por mais cético que você possa ser, para pelo menos **pensar** nessa "remota possibilidade". O que você acha que de pior poderia acontecer? O que acha que perderíamos com essa mudança de postura e atitude? Acho que vou ler seus pensamentos agora. Você deve estar pensando que, se agíssemos assim, não **perderíamos** absolutamente nada, mas teríamos muito a **ganhar**!

Pois é, eu concordo com você! Qualquer movimento em prol de melhorar as coisas geralmente resulta de fato em alguma melhoria, por mais modesta que seja. Mas ainda que pequena, qualquer melhoria é algum avanço e nós precisamos disso!

Estudar mais, disseminar a ideia de que precisamos dar mais importância à busca pelo conhecimento pelo bem de todos; aprender a cooperar em vez de competir, pois isso é mais produtivo e faz de todos vencedores; pensar em ajudar o outro a *se dar bem* **junto** com você; agir mais como gostaríamos que agissem conosco, a velha regra de ouro; são pensamentos, realmente muito clichês, mas que de fato funcionam! E isso é o que interessa. Reclamamos da "falta de educação das pessoas" e da "forma como os outros dirigem seus automóveis por aí", por exemplo, mas como pode haver tantos "outros" fazendo coisas erradas e tantos "eus" reclamando? Acho que no final "eu" sou o "outro" de alguém que também reclama.

As pessoas em geral concordam com essa forma de pensar. Converso com bem poucos que de fato assumem pensar muito diferente dessas ideias clichês que já cansamos de ouvir. Contudo, parece que nos falta força para pôr tudo em prática. De que outra maneira se explica o fato de que os "outros" continuam fazendo este país ser da forma como é? Corrupção, propina, mensalão, esquemas, burocracia... Você sabe, para poder rir, tem que fazer rir... Eu até conheço um jeito de agilizar isso para você, mas... Olha, você nem precisa vir aqui, mas a gente precisa combinar uma compensação. Aquele benefício eu tenho um pessoal que arruma, mas tem uma contrapartida...

Essas coisas estão nas nossas vidas, no nosso dia a dia. Não vou dizer aqui que, se você colou na quinta série, também é um corrupto. Essa é uma ideia extremista e bem fora de contexto.

Chega a ser ridícula! Mas há coisas que realmente são relevantes e que precisamos aprender a respeitar. Dirigir e beber, furar fila desrespeitando o direito do outro, pequenos furtos, dirigir perigosamente, aceitar esquemas para conseguir benefícios aos quais não tem direito e outros comportamentos como esses são o que tornam as nossas vidas muito mais difíceis. Hoje você pode ser aquele que leva a vantagem, mas amanhã será aquele que é passado para trás e é nesse momento que nos lembramos de reclamar do país. O outro também reclamou do país quando eu ou você passamos a perna nele e, agora, é ele quem passa a perna em nós. Quem é o "país" afinal?

Nossas crianças e nossos jovens precisam receber uma carga poderosa de confiança neles mesmos e em nossa nação. Só assim eles terão vontade de "investir". Se ensinarmos apenas que o país deles é horrível e que ninguém pode fazer nada para mudar, que motivação eles terão? Ou se ensinarmos que eles precisam ser espertos e aproveitar as oportunidades, que tipo de pessoas eles serão? Precisamos ensiná-los que eles podem transformar tudo isso com muito trabalho! O trabalho é o que de fato nos traz dignidade. Tudo o que se recebe de graça não tem nenhum valor. Aquilo que um desconhecido plantou, cuidou e colheu para mim não deu trabalho nenhum. Logo, que valor tem? Preciso então pagar por aquilo, também com o meu trabalho, pois é esse sistema de compensação e recompensa, baseado em esforço, que o ser humano entende e valoriza.

A vantagem ou recompensa precisa vir do investimento pessoal no objetivo a ser alcançado, quer seja material, intelectual, físico ou até espiritual. Ela não pode vir de graça ou ser tomada de alguém. Esse pensamento egoísta nos reduz a uma espécie sub-humana, pois nesse momento, em que vemos o outro como alguém de quem se pode tirar algo, nos tornamos muito menores do que somos. E diminuímos tanto o nosso potencial como indivíduos quanto o nosso espírito coletivo enquanto sociedade. Em suma, todos perdemos!

É preciso praticar e ensinar cidadania. Isso se aprende e se ensina tanto em casa quanto na escola, no trabalho, no meio dos amigos, na fila do banco e do estacionamento, no estádio, no templo, na rua e em todos os lugares. É sobre isso que falo quando cito o quesito "nossa responsabilidade". Para cobrarmos dos outros e para cobrarmos do país, precisamos antes cobrar de alguém que sempre fica escondido. Esse alguém sou **eu**.

E agora, falando sobre a **educação**, acho que realmente ninguém duvida da importância do seu papel em nossas vidas. Mas ainda assim, somos um povo com baixa instrução e baixa formação acadêmica, além de termos educação de péssima qualidade.

Veja, por exemplo, o gráfico do IBGE (Instituto Brasileiro de Geografia e Estatística) sobre analfabetismo no Brasil de pessoas de 10 anos ou mais, por sexo, de 2007 a 2014. Podemos constatar que é um percentual ainda bastante alto, mesmo tendo havido progresso no período apresentado de sete anos. Note que falamos aqui de analfabetismo, ou seja, estamos muito longe do que se deseja em uma sociedade evoluída.

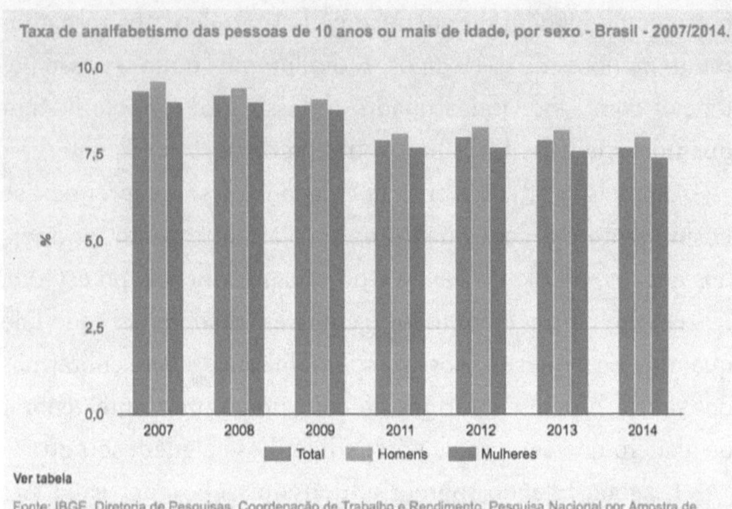

Fonte: *Site* Brasil em Síntese – IBGE[64].

Mas nosso problema está longe de ser apenas o analfabetismo. Aqueles que conseguem vencer essa limitação básica ainda têm uma longa e dura jornada pela frente. Isso se prova em números, como 38% dos alunos do ensino superior não sabem ler e escrever plenamente – matéria publicada pelo *Estadão* em 2012[65]. Outro dado importante foi publicado pelo portal do G1. Segundo a matéria[66], que foi ao ar em 10/2/2016, a Organização para a Cooperação e Desenvolvimento Econômico (OCDE) publicou um relatório sobre rendimento escolar no mundo e o Brasil ficou entre os dez piores colocados. Em outra publicação do G1, em 20/10/2016, consta que

---

64 Disponível em: http://brasilemsintese.ibge.gov.br/educacao/taxa-de-analfabetismo-das-pessoas-de-10-anos-ou-mais.html.
65 Disponível em: http://www.estadao.com.br/noticias/geral,no-ensino-superior-38-dos-alunos-nao-sabem-ler-e-escrever-plenamente-imp-,901250.
66 Disponível em: http://g1.globo.com/jornal-hoje/noticia/2016/02/educacao-no-brasil-melhora-mas-pais-continua-entre-os-piores-do-mundo.html.

37,9% dos candidatos a estágio são reprovados por causa da língua portuguesa[67].

E poderíamos continuar citando vários outros dados sobre, por exemplo, o analfabetismo funcional que, *grosso modo*, é quando a pessoa sabe ler, mas não consegue interpretar e entender o que está lendo. Também haveria dados alarmantes para se apresentarem sobre a proporção de pessoas que concluem o primeiro grau, quantas concluem o segundo grau, quantas conseguem pelo menos entrar na faculdade, quantas conseguem se formar depois que iniciam a faculdade e também dados sobre o quanto de conhecimento e proficiência os formados conseguem obter ao concluírem o terceiro grau. Incentivo você a procurar mais informações sobre isso para ter uma visão mais precisa do tamanho do nosso problema. Um bom lugar para procurar dados sobre a educação no Brasil é o portal do Inep (Instituto Nacional de Estudos e Pesquisas Educacionais Anísio Teixeira). Você pode acessar o portal do Inep pelo endereço http://portal.inep.gov.br.

Tive a experiência, por cinco anos enquanto professor universitário, de assistir alguns alunos com extrema dificuldade para acompanhar as aulas. Mesmo ali, em uma faculdade, era notória a falta de conhecimentos fundamentais de português e matemática para que pudéssemos tratar de assuntos do nível superior. Em certas ocasiões, podia-se ver que o aluno não conseguia se expressar por escrito e até pessoalmente havia dificuldade. O pouco conhecimento da língua e a falta de prática no ato de escrever, por exemplo, impossibilitavam alguns de formularem uma resposta coerente e inteligível às questões

---

67 Disponível em: http://g1.globo.com/economia/concursos-e-emprego/noticia/portugues-reprova-379-dos-candidatos-a-estagio-diz-pesquisa.ghtml.

apresentadas, isso mesmo que aluno tivesse conhecimento específico sobre o assunto. Essa era uma experiência dolorosa tanto para o aluno quanto para mim como professor.

O dado apresentado sobre reprovações para programas de estágios, de quase 38% desses alunos, comprova a experiência e a sensação que tive. É triste saber que esse aluno, um verdadeiro vencedor, pois, apesar de tantas dificuldades, conseguiu chegar até ali, terá ainda muito mais lutas árduas e até cruéis para travar após vencer o desafio da sua graduação. Isso porque, na busca por uma carreira profissional, ele terá que disputar vagas de emprego com outras pessoas que tiveram condições muito melhores para se preparar e que chegarão ao mercado de trabalho com uma vantagem estratosférica com relação a ele.

Estou colocando esses dados e essa experiência aqui para deixar claro que o problema da educação no Brasil é o maior de nossos desafios como povo. Percebo que muitos subestimam essa questão. As pessoas que nasceram e cresceram nas regiões mais abastadas das grandes cidades vivem numa atmosfera muito diferente e, algumas vezes, acreditam que o acesso à educação hoje em dia é muito democrático. Mas infelizmente não é. Pelo menos não o suficiente. Podemos até dizer que já foi pior, mas estamos muito longe do ideal. Tanto o acesso quanto a qualidade da nossa educação estão bastante prejudicados.

Também sei o que é estar desse outro lado, ou seja, o lado desse aluno que se vê totalmente despreparado para um desafio maior. Passei pela experiência, por exemplo, de estudar todo o meu primeiro grau em uma escola pública estadual e, ao tentar o segundo grau em uma escola melhor, senti-me sem nenhuma condição de acompanhar as aulas por falta de conhecimento básico em várias matérias. Afinal, na escola estadual, tínhamos aula do que houvesse professor e, além disso, as greves eram frequentes e longas. Era impossível tanto para o aluno como para o professor terem bom desempenho naquele ambiente cheio de privações.

Então, para "sobreviver" ao segundo grau, tive que batalhar muito! Foi um grande desafio para um adolescente que, por exemplo, nunca tinha ouvido falar de biologia e, com relação ao inglês, mal sabia conjugar o verbo *to be*. Depois um desafio muito mais difícil apareceu e ele se chamava "faculdade". Levei muitos anos para conseguir iniciar de verdade, mas o final dessa história acho que você já sabe.

A vida de quem vem de baixo nunca foi e nunca será fácil, mas não é por isso que devemos desanimar e desistir do sonho. A educação é a chave para que possamos mudar as nossas vidas e o nosso país. É claro que estudar não é qualquer tipo de "magia" que pode transformar qualquer pessoa em um ser humano melhor. É preciso esforço e dedicação, claro. Mas são recompensadores! Pelo dinheiro? De forma alguma. Não sou rico, também nunca tive essa pretensão. Mas como é libertador o conhecimento! Como você se sente maior, mais útil e mais importante! Como traz realização pessoal! Se você não tem, meu amigo, eu o incentivo fortemente a experimentar isso. Pode ser a coisa mais forte e incrível que você irá provar na vida! Conhecimento transforma.

Enfim, é esta a mensagem que quero deixar em seu coração. Se você tem boa educação, não pare onde está e invista algum tempo incentivando outras pessoas, principalmente os nossos pequenos, que são as nossas sementes para fazer florescer este mundo em uma próxima primavera. E se você parou cedo, volte a investir na busca pelo conhecimento, pela educação e pelo futuro – seu e de todos nós. Você é a chave que abrirá a porta do amanhã. Se for uma boa chave, essa porta será a de um amanhã próspero e muito bonito. Que porta você pretender abrir para nós e nossos filhos?

Despedida

Bem, o livro acabou. Espero que você tenha gostado. Convido você a visitar meu trabalho na **internet** e nas **mídias sociais**, onde poderá compartilhar sua opinião e estender os assuntos desse livro. Lá você encontrará *links* para as matérias citadas, fotos e outros conteúdos interessantes. Poderá conhecer até as cabras do meu pai, que, aliás, ainda tem algumas. A seguir os endereços para a sua visita e uma dessas fotos:

www.edmilsonprata.com.br
www.facebook.com/dilemassociaisdeestimacao
www.facebook.com/edmilson.prata.da.silva
https://br.linkedin.com/in/edmilsonprata

Quando a vida ainda era simples

Eu e o "nosso" morro

Servindo à pátria

80 anos do meu avô em família